ENZYKLOPÄDIE
DEUTSCHER
GESCHICHTE
BAND 78

ENZYKLOPÄDIE
DEUTSCHER
GESCHICHTE
BAND 78

HERAUSGEGEBEN VON
LOTHAR GALL

IN VERBINDUNG MIT
PETER BLICKLE
ELISABETH FEHRENBACH
JOHANNES FRIED
KLAUS HILDEBRAND
KARL HEINRICH KAUFHOLD
HORST MÖLLER
OTTO GERHARD OEXLE
KLAUS TENFELDE

DER
DEUTSCHE BUND
1815–1866

VON
JÜRGEN MÜLLER

R. OLDENBOURG VERLAG
MÜNCHEN 2006

Bibliografische Information der Deutschen Bibliothek

Die Deutsche Bibliothek verzeichnet diese Publikation in der Deutschen
Nationalbibliografie; detaillierte bibliografische Daten sind im Internet
über <http://dnb.ddb.de> abrufbar.

© 2006 Oldenbourg Wissenschaftsverlag GmbH, München
Rosenheimer Straße 145, D-81671 München
Internet: http://www.oldenbourg.de

Umschlaggestaltung: Dieter Vollendorf
Umschlagabbildung: Deutschlands Hoffnung oder der Bundestag in Frankfurt,
um 1817
Historisches Museum Frankfurt am Main, Foto: Ursula Seitz-Gray

Gedruckt auf säurefreiem, alterungsbeständigem Papier (chlorfrei gebleicht)
Gesamtherstellung: Oldenbourg Druckerei Vertriebs GmbH & Co. KG, Kirchheim

ISBN-13: 978-3-486-55028-3 (brosch.)
ISBN-10: 3-486-55028-4 (brosch.)
ISBN-13: 978-3-486-55029-0 (geb.)
ISBN-10: 3-486-55029-2 (geb.)

Vorwort

Die „Enzyklopädie deutscher Geschichte" soll für die Benutzer – Fachhistoriker, Studenten, Geschichtslehrer, Vertreter benachbarter Disziplinen und interessierte Laien – ein Arbeitsinstrument sein, mit dessen Hilfe sie sich rasch und zuverlässig über den gegenwärtigen Stand unserer Kenntnisse und der Forschung in den verschiedenen Bereichen der deutschen Geschichte informieren können.

Geschichte wird dabei in einem umfassenden Sinne verstanden: Der Geschichte der Gesellschaft, der Wirtschaft, des Staates in seinen inneren und äußeren Verhältnissen wird ebenso ein großes Gewicht beigemessen wie der Geschichte der Religion und der Kirche, der Kultur, der Lebenswelten und der Mentalitäten.

Dieses umfassende Verständnis von Geschichte muss immer wieder Prozesse und Tendenzen einbeziehen, die säkularer Natur sind, nationale und einzelstaatliche Grenzen übergreifen. Ihm entspricht eine eher pragmatische Bestimmung des Begriffs „deutsche Geschichte". Sie orientiert sich sehr bewusst an der jeweiligen zeitgenössischen Auffassung und Definition des Begriffs und sucht ihn von daher zugleich von programmatischen Rückprojektionen zu entlasten, die seine Verwendung in den letzten anderthalb Jahrhunderten immer wieder begleiteten. Was damit an Unschärfen und Problemen, vor allem hinsichtlich des diachronen Vergleichs, verbunden ist, steht in keinem Verhältnis zu den Schwierigkeiten, die sich bei dem Versuch einer zeitübergreifenden Festlegung ergäben, die stets nur mehr oder weniger willkürlicher Art sein könnte. Das heißt freilich nicht, dass der Begriff „deutsche Geschichte" unreflektiert gebraucht werden kann. Eine der Aufgaben der einzelnen Bände ist es vielmehr, den Bereich der Darstellung auch geographisch jeweils genau zu bestimmen.

Das Gesamtwerk wird am Ende rund hundert Bände umfassen. Sie folgen alle einem gleichen Gliederungsschema und sind mit Blick auf die Konzeption der Reihe und die Bedürfnisse des Benutzers in ihrem Umfang jeweils streng begrenzt. Das zwingt vor allem im darstellenden Teil, der den heutigen Stand unserer Kenntnisse auf knappstem Raum zusammenfasst – ihm schließen sich die Darlegung und Erörterung der Forschungssituation und eine entsprechend gegliederte Aus-

wahlbibliographie an –, zu starker Konzentration und zur Beschränkung auf die zentralen Vorgänge und Entwicklungen. Besonderes Gewicht ist daneben, unter Betonung des systematischen Zusammen-
hangs, auf die Abstimmung der einzelnen Bände untereinander, in
sachlicher Hinsicht, aber auch im Hinblick auf die übergreifenden Fra-
gestellungen, gelegt worden. Aus dem Gesamtwerk lassen sich so auch
immer einzelne, den jeweiligen Benutzer besonders interessierende Se-
rien zusammenstellen. Ungeachtet dessen aber bildet jeder Band eine in
sich abgeschlossene Einheit – unter der persönlichen Verantwortung
des Autors und in völliger Eigenständigkeit gegenüber den benachbarten und verwandten Bänden, auch was den Zeitpunkt des Erscheinens
angeht.

Lothar Gall

Inhalt

Vorwort des Verfassers

In der ursprünglichen Konzeption der „Enzyklopädie deutscher Geschichte" war für diesen Band der Titel „Der Deutsche Bund und das
politische System der Restauration 1815–1866" vorgesehen. Die Ände-
rung des Titels, die in Absprache mit dem Herausgeber Lothar Gall erfolgte, bedarf einer kurzen Begründung. Zum einen erschien es nicht
angemessen, die gesamte Zeitphase unter den Begriff des Restaurati-
onssystems zu stellen, da dieses sich nur auf den Vormärz erstreckte
und für die nachrevolutionäre Periode als analytische Kategorie nicht
anwendbar ist. Zum anderen implizierte der ursprüngliche Titel eine
Determiniertheit der Bundesgeschichte in der Weise, dass die über
weite Strecken tatsächlich praktizierte restaurative, repressive und reaktionäre Bundespolitik unausweichlich gewesen sei, dass der Deutsche Bund zu einer positiven Entwicklung grundsätzlich nicht in der
Lage gewesen sei. Eine solche Sichtweise würde indessen ausblen-
den, dass es von Anfang an die Erwartung und die Hoffnung gab, der
Bund als „föderatives Band" werde sich weiterentwickeln, um die Bedürfnisse und Interessen Deutschlands besser wahrnehmen zu können.

Zwar blieb die Reform des Bundes in Ansätzen stecken, während
die Repression nachhaltige Realität wurde. Jedoch bliebe eine Geschichte des Deutschen Bundes, die sich vornehmlich auf seine restau-
rativ-reaktionäre Politik konzentrierte und die Debatten über die innere
Ausgestaltung des Staatenbundes weitgehend ignorierte, unvollständig
und liefe Gefahr, ein historisch einseitiges Bild der deutschen Entwicklung von 1815 bis 1866 zu zeichnen. Richtig ist, dass der Deutsche
Bund die deutsche Nation politisch nicht integrieren konnte, dass die
deutsche Einheit vielmehr mit revolutionären und militärischen Mitteln
gegen den Bund erkämpft wurde. Richtig ist aber auch, dass innerhalb
des Bundes immer wieder, wenn auch letztlich vergeblich, versucht
wurde, durch politische, wirtschaftliche und rechtliche Reformen eben
jene gewaltsame Lösung der deutschen Frage zu verhindern. Beiden
Aspekten der Bundesgeschichte gerecht zu werden, ist das Anliegen
dieses Bandes im enzyklopädischen Überblick wie bei der Skizzierung
der Grundprobleme und Tendenzen der Forschung.

Der vorliegende Band bildet die Ergänzung zu den in dieser Reihe bereits erschienenen Studien von Elisabeth Fehrenbach über „Verfassungsstaat und Nationsbildung 1815–1871" sowie von Anselm Doering-Manteuffel zu dem Thema „Die Deutsche Frage und das europäische Staatensystem 1815–1871". Die konstitutionelle Entwicklung in Deutschland, die liberale Nationalbewegung, die preußisch-kleindeutsche Reichsgründungspolitik, die außenpolitische Funktion des Deutschen Bundes sowie seine Rolle in der deutschen wie europäischen Großmachtpolitik sind in den genannten Studien ausführlich gewürdigt worden. Im Mittelpunkt dieser Darstellung soll nun die innere Politik des Deutschen Bundes stehen. Die Bundespolitik – in repressiver Realität wie in reformerischer Absicht – war ein wichtiger Faktor der deutschen Geschichte in den ersten zwei Dritteln des 19. Jahrhunderts, deren gesamte Dimension sich indessen nur erschließt, wenn die zeitlich und thematisch benachbarten Bände der EdG mit herangezogen werden.

Bei der Entstehung dieses Buches haben mich viele Kollegen und Hilfskräfte unterstützt. Mein erster Dank gilt Lothar Gall, der mich mit diesem Band betraut und mir viele wertvolle Hinweise gegeben hat. Elisabeth Fehrenbach, Eckhardt Treichel und Dieter Hein haben das Manuskript einer kritischen Lektüre unterzogen und wichtige Anregungen zu Verbesserungen gemacht. Gedankt sei ferner Monika Hahn und Jennifer Stähle für die Hilfe bei den Korrekturen und der Erstellung der Register. Zu besonderem Dank bin ich Gabriele Jaroschka vom Oldenbourg Verlag verplichtet, die das Buch sehr kompetent und umsichtig lektoriert hat.

Frankfurt am Main, März 2006   Jürgen Müller

I. Enzyklopädischer Überblick

1. Die Gründung und Frühgeschichte des Deutschen Bundes 1813–1819

„Les États de l'Allemagne seront indépendans et unis par un lien fédératif." Mit dieser Bestimmung des Ersten Pariser Friedens vom 30. Mai 1814 wurde der Rahmen abgesteckt für die politische Neuordnung Deutschlands nach der Niederwerfung Napoleons. Ein „föderatives Band" sollte die unabhängigen deutschen Staaten vereinen. Damit war einerseits nur vage angedeutet, wie die zukünftige politische Organisation Deutschlands aussehen sollte. Andererseits war aber klar festgelegt, welche politische Ordnung für Deutschland nicht in Frage kam: Die Betonung der Unabhängigkeit der Einzelstaaten war unvereinbar mit der Bildung eines modernen Nationalstaats im Sinne der „nation une et indivisible", wie ihn die Französische Revolution hervorgebracht hatte. „Föderatives Band"

Aber auch die Alternative, eine Rückkehr zum 1806 untergegangenen Heiligen Römischen Reich Deutscher Nation, war versperrt, denn die deutsche Staatenwelt von 1813 unterschied sich grundlegend von derjenigen von 1789. Die Französische Revolution und die napoleonische Herrschaft hatten die bestehenden staatlichen Strukturen auf europäischer wie auf deutscher Ebene in ihren Grundfesten erschüttert, teilweise sogar unwiderruflich zerstört. Das Alte Reich war zerbrochen, und mit ihm waren hunderte von traditionalen Herrschaften beseitigt worden, die seit dem Mittelalter auf dem Boden des Reiches existiert hatten. Altes Reich

Neben vielen Verlierern gab es auch einige Gewinner dieser territorialen „Flurbereinigung". Es waren dies die so genannten Mittelstaaten, allen voran die neuen süddeutschen Königreiche Bayern und Württemberg. Diese Staaten hatten durch die Säkularisierungen und Mediatisierungen zu Beginn des 19. Jahrhunderts ihre Territorien und ihre Einwohnerschaft erheblich vergrößert. Diese Zugewinne wollten sich die Mittelstaaten keineswegs mehr nehmen lassen, als es darum ging, Frankreich auf die Grenzen von 1792 zurückzudrängen. So ließen sich Mittelstaaten

Bayern, Württemberg und Hessen-Darmstadt in den Verträgen von Ried (8. 10. 1813), Fulda (2. 11. 1813) und Frankfurt (23. 11. 1813) als Gegenleistung für ihre Lossagung vom napoleonischen Rheinbund und den Eintritt in die antinapoleonische Koalition ihre volle Souveränität und eine möglichst vollständige Entschädigung für etwaige Gebietsabtretungen garantieren.

Deutsche Großmächte

Habsburgerreich

Auch die deutschen Großmächte Österreich und Preußen wurden nach 1789 in einen umfassenden Transformationsprozess hineingezogen. Das Habsburgerreich hatte 1806 die römisch-deutsche Kaiserwürde und damit seine Funktion als Oberhaupt des Reiches verloren. Dieser Verlust wurde kompensiert durch die schon 1804 erfolgte Schaffung eines eigenen österreichischen Kaisertums, dem es gelang, den habsburgischen Vielvölkerstaat vor der Auflösung zu bewahren. Österreich bildete somit seit 1806 nicht mehr die Spitze des deutschen Reichsverbandes, aber es war nach wie vor eine europäische Großmacht, die einen überragenden Einfluss auf die politische Neugestaltung Deutschlands hatte.

Preußen

Das Königreich Preußen hatte in den napoleonischen Kriegen beinahe seine eigenständige politische Existenz verloren. Nach der katastrophalen militärischen Niederlage von 1806/07 war es nur mit Mühe gelungen, das Staatswesen am Leben zu erhalten. Durchgreifende Reformen der Staatsverwaltung, der Wirtschafts- und Sozialverfassung sowie des Militär- und Bildungswesens legten seit 1807 die Grundlagen für ein Wiedererstarken Preußens. Ende 1812 stellte sich Preußen zusammen mit Russland an die Spitze der antinapoleonischen Koalition und leistete damit einen erheblichen Beitrag zum militärischen Sieg über Frankreich. Dies ebnete ihm den Weg zurück in die Reihe der europäischen Großmächte. In Deutschland erlangte Preußen darüber hinaus ein großes Ansehen als Vorkämpfer der Befreiung Deutschlands von der französischen Fremdherrschaft. Dieses neu gewonnene patriotische Kapital setzte Preußen seit 1813 ein, um sich eine stärkere politische Rolle in Deutschland zu sichern, als es sie im Alten Reich innegehabt hatte.

Wiener Kongress

Über die Frage, wie unter den veränderten politischen Bedingungen die Machtinteressen der beiden deutschen Großmächte und die Souveränitätsansprüche der Mittel- und Kleinstaaten in einer föderativen Ordnung austariert werden konnten, wurde auf dem Wiener Kongress (1. 11. 1814–11. 6. 1815) monatelang verhandelt. Die in den Jahren 1813 und 1814 von vielen Seiten ins Spiel gebrachte Schaffung eines Deutschen Reiches, das an die Tradition der alten Reichsverfassung anknüpfen sollte, wurde rasch ad acta gelegt. Die Groß- und Mittelstaaten waren sich weitgehend einig darin, nicht ein „Reich", sondern einen „Staatenverein" beziehungsweise einen „Bund" zu begründen. Die deutschen Staaten sollten sich, so hieß es seit Mitte 1814 in den diversen Verfassungsentwürfen, durch einen völkerrechtlichen Vertrag zu einem „politischen Föderativkörper" mit dem Namen „Deutscher Bund" vereinigen. Der „Bundesvertrag" sollte auf ewig geschlossen werden. Damit war eine Grundsatzentscheidung getroffen, die auch von dem anhaltenden Widerstand der mindermächtigen deutschen Staaten und der mediatisierten Standesherren, die an der Reichsidee und dem deutschen Kaisertum Österreichs festhalten wollten, nicht revidiert werden konnte.

Deutscher Bund

Eine weitere wichtige Weichenstellung, die für die innere Entwicklung des Deutschen Bundes nachhaltige Konsequenzen haben sollte, betraf die legitimatorische und partizipatorische Basis der neuen Organisation Deutschlands. In vielen Entwürfen des Jahres 1813 und 1814 war die Rede davon, die künftige Ordnung aus dem „ureigenen Geiste des Deutschen Volckes" beziehungsweise dem „Geist der Nation" hervorgehen zu lassen. Immer wieder wurde betont, dass es gelte, die „Rechte der Untertanen" bzw. der „Staatsbürger" zu berücksichtigen; vielfach wurde die Beteiligung von ständischen Vertretungen an der Gesetzgebung verlangt; und manche projektierten die Bildung eines „Nationalbundes" mit je eigenständiger Exekutive, Legislative und Judikative. Von diesen stärker bundesstaatlich ausgerichteten und eine Mitwirkung der Nation und des Volkes ins Auge fassenden Plänen rückten die Vertreter der deutschen Regierungen im Laufe der Beratungen in Wien immer mehr ab. Die mittleren und großen Staaten waren nicht bereit, ihre innere Souveränität von einem mit nationalen Kompetenzen ausgestatteten Bund schmälern zu lassen. Eine wie immer geartete direkte oder indirekte Vertretung des Volkes auf Bundesebene kam nicht in Frage, da viele Regierungen selbst in ihrem eigenen Land eine Konstitutionalisierung weiterhin ablehnten.

Mitwirkung der
Nation

Bundes-
verfassungspläne

Die beiden deutschen Großmächte favorisierten zu Beginn des Wiener Kongresses einen Bundesvertrag, der ihnen eine Vorherrschaft bei der Leitung des Bundes sicherte, die Souveränitätsrechte der Mittel- und Kleinstaaten einschränkte und eine Exekutivgewalt sowie eine zentrale Bundesgerichtsbarkeit vorsah. Gegen diese Pläne opponierten jedoch sowohl die süddeutschen Mittelstaaten als auch die „mindermächtigen" Staaten, die im „Deutschen Komitee", in dem im Oktober/ November 1814 die eigentlichen Verhandlungen über die Bundesverfassung geführt wurden, gar nicht vertreten waren. Statt einer „Hegemonialverfassung" (E. Treichel), wie sie Österreich und Preußen favo-

Deutsches
Komitee

risierten, oder einer „deutschen Pentarchie" der beiden Großmächte, Bayerns, Hannovers und Württembergs, verlangte die Mehrheit der deutschen Regierungen die formale Gleichberechtigung der künftigen Bundesmitglieder, von denen jedes einzelne an der Exekutive des Bundes und an seiner Gesetzgebung beteiligt sein sollte.

Diese stärker föderalistische Position, welche in der Tradition des Alten Reiches stand, konnte sich schließlich vor allem deshalb durchsetzen, weil im Winter 1814/15 wegen der heftig umstrittenen Frage des künftigen Status von Sachsen und Polen das Einvernehmen zwischen Österreich und Preußen in der deutschen Verfassungsfrage zerbrach. Das österreichische Kabinett rückte in der Folge von den bisherigen Plänen einer hegemonialen Bundesverfassung ab und favorisierte statt dessen forthin eine eindeutig staatenbündische Lösung, bei der die Zentralgewalt des Bundes schwächer ausgeprägt war, während die Souveränität der Einzelstaaten und ihre rechtliche Gleichstellung im Staatenbund betont wurden. Mit dieser Position, die von der Mehrzahl der Mittel- und Kleinstaaten unterstützt wurde, konnte sich der österreichische Staatskanzler Metternich in den im Mai 1815 wiederaufgenommenen offiziellen Verhandlungen, an denen nun alle deutschen Staaten beteiligt waren, schließlich durchsetzen. Nachdem sich am 23. Mai 1815 Österreich und Preußen auf die Grundzüge einer „politischen Federation" verständigt hatten, wurde innerhalb von nur zwei Wochen die **Deutsche** „Deutsche Bundesakte" ausgearbeitet, die am 8. Juni 1815 paraphiert **Bundesakte** und am 10. Juni 1815 feierlich besiegelt wurde.

Die Bundesakte war ein Minimalkonsens, der bewusst davon Abstand nahm, „reichische", nationale oder gesamtstaatliche Strukturen in Deutschland einzuführen. Statt dessen sah die Bundesakte lediglich einen Staatenverein vor, dessen oberster Zweck die Erhaltung der äußeren und inneren Sicherheit Deutschlands und der Unabhängigkeit und Unverletzbarkeit der einzelnen deutschen Staaten sein sollte. Als einzi- **Bundesver-** ges Bundesorgan wurde eine Bundesversammlung mit Sitz in Frankfurt **sammlung in** am Main eingerichtet. Hier tagten in den nachfolgenden Jahrzehnten **Frankfurt** – mit der Unterbrechung von 1848 bis 1850 – im Palais der Fürsten von Thurn und Taxis in Permanenz die bevollmächtigten Gesandten der einzelnen Mitgliedsstaaten, die unter dem Vorsitz Österreichs über die „Angelegenheiten des Bundes" beraten und beschließen sollten. Nur die elf größeren Staaten (Österreich, Preußen, Bayern, Sachsen, Hannover, Württemberg, Baden, Kurhessen, Großherzogtum Hessen, Dänemark für das Herzogtum Holstein und die Niederlande für das Groß- **Engerer Rat** herzogtum Luxemburg) erhielten im so genannten Engeren Rat der Bundesversammlung eine eigene Stimme; die übrigen 27 Bundesmitglieder wurden in sechs Kurien zusammengefasst, in denen im günstigsten Fall zwei und im schlechtesten Fall neun Kleinstaaten gemeinsam eine Stimme besaßen.

Auch im Plenum der Bundesversammlung, das für die Abänderung der Bundesgrundgesetze und die Verabschiedung so genannter „gemeinnütziger Anordnungen", welche die Gesamtheit des Bundes betrafen, zuständig war, bildeten die 11 größeren Staaten mit 39 von 69 Stimmen die Mehrheit. *Plenum*

Im Hinblick auf die innere Ordnung Deutschlands enthielt die Bundesakte nur wenige konkrete Bestimmungen. Sie garantierte in den Artikeln 1, 2 und 3 die Souveränität, Unabhängigkeit und Gleichberechtigung der deutschen Einzelstaaten. In Artikel 11 wurden die Verpflichtung zur gemeinsamen Verteidigung des Bundesgebietes sowie das Verbot von militärischen Auseinandersetzungen zwischen den Bundesgliedern festgehalten. Nach Artikel 13 sollte in allen Bundesstaaten eine „landständische Verfassung" eingeführt werden. Die Artikel 14 und 15 verbürgten dem seit 1806 mediatisierten Reichsadel die Fortdauer einer Reihe von Privilegien. Nach Artikel 16 war künftig im Gebiet des Deutschen Bundes eine bürgerliche und politische Rechtsungleichheit aufgrund konfessioneller Unterschiede unzulässig; auch wurde eine „bürgerliche Verbesserung" der Juden durch die Bundesversammlung in Aussicht gestellt. Artikel 17 garantierte dem Haus Thurn und Taxis die weitere Geltung seiner Postprivilegien. In Artikel 18 sicherten die deutschen Regierungen ihren Untertanen einige allgemeine Rechte zu, und zwar die Freiheit des Grunderwerbs in allen deutschen Staaten sowie das Recht des freien Wegzugs aus einem Staat in den anderen. Ferner kündigte Artikel 18d eine baldige bundeseinheitliche Regelung der Pressefreiheit und des Nachdruckschutzes an. Schließlich stellte Artikel 19 allgemeine Grundsätze für das Handels- und Verkehrswesen in Deutschland in Aussicht. *Wichtigste Bestimmungen der Bundesakte* *Artikel 13*

Dies waren Detailbestimmungen und Absichtserklärungen, die keinen adäquaten Ersatz bieten konnten für das Fehlen einiger zentraler Bundeseinrichtungen. Der Deutsche Bund hatte kein politisches Oberhaupt, wie es der Kaiser im Alten Reich gewesen war. Eine wirksame Bundesexekutive und ein oberstes Bundesgericht waren an den Rivalitäten der Mächte und am Souveränitätsdenken der Dynastien gescheitert. Und schließlich waren 1815 die Voraussetzungen für ein repräsentatives gesetzgebendes Organ noch nicht gegeben. *Fehlen zentraler Bundesorgane*

Von den Begriffen „Nation" und „Nationalität", die im Vorfeld der Bundesgründung sowohl in der öffentlichen Diskussion als auch in den diplomatischen Verhandlungen durchaus eine Rolle gespielt hatten, war in der Bundesakte nicht mehr die Rede. Die Deutsche Bundesakte war kein Gründungsdokument eines nationalen (Verfassungs-) Staates, sondern lediglich ein dürres Organisationsstatut für eine Allianz von heterogenen Einzelstaaten. Gleichwohl bedeutete die Bundesakte keine generelle Absage an die weitere politische, ökonomische und soziale Integration Deutschlands. Vielmehr wurde an mehreren Stellen der innere Ausbau des Staatenbundes durch die Schaffung allgemeiner Bundeseinrichtungen und Gesetze in Aussicht gestellt. Nach Artikel 10 sollte es das „erste Geschäft" der Bundesversammlung sein, die Grundgesetze des Bundes abzufassen und seine „organische Einrichtung" im Hinblick auf die auswärtigen, militärischen und inneren Verhältnisse voranzutreiben.

Ausbau des Staatenbundes

Die Möglichkeit zur Fortentwicklung der rudimentären Bundesverfassung war mithin durchaus gegeben. Unter den Regierungen vor allem der Mittel- und Kleinstaaten gab es viele Stimmen, die darauf hofften, den Bund durch die Schaffung zusätzlicher Institutionen, allgemeine Bundesgesetze und wirtschaftliche Integrationsmaßnahmen auszubauen. Genau diese Perspektive zeigte auch der österreichische Bundespräsidialgesandte Graf Buol-Schauenstein in einer Rede auf, die er am 11. November 1816, wenige Tage nach der feierlichen Eröffnung der Bundesversammlung am 5. November 1816, in Frankfurt am Main hielt. Der Bund, so hieß es dort, verbürge einerseits die Selbständigkeit der deutschen Einzelstaaten, er sei aber andererseits ein „Band der Nationalität", das es fortzuentwickeln gelte: „jeder Deutsche erwartet mit Zuversicht und Vertrauen, dass wir eingedenk unsers Berufs, das Gebäude des großen National-Bundes vollenden werden, wozu uns die Bundesakte vom 8. Juny 1815 zur Grundlage dienen soll".

„National-Bund"

Entsprechende Initiativen zur inneren Integration des Bundes wurden in den nächsten Jahren immer wieder an die Bundesversammlung herangetragen. Dabei handelte es sich allerdings meist um Einzelmaßnahmen zur Harmonisierung der sehr disparaten wirtschaftlichen und rechtlichen Verhältnisse auf dem Gebiet des Deutschen Bundes. Hier bestand ein großer Regelungsbedarf, aber die einzelstaatlichen Interessengegensätze verhinderten trotz anhaltender Bemühungen der Bundesversammlung das Zustandekommen bundeseinheitlicher Bestimmungen.

Ein unlösbares Problem stellte die angekündigte „organische Einrichtung" des Deutschen Bundes, also seine verfassungspolitische Fortentwicklung dar. Die auf dem Wiener Kongress nur mit Mühe erzielte Einigung über die Grundstrukturen des Bundes ließ kaum Spielraum für eine konstitutionelle Ausgestaltung zu einem „Nationalbund". Sehr rasch zeigte sich, dass die Großmächte Österreich und Preußen, aber auch viele Mittelstaaten nicht geneigt waren, den Deutschen Bund als Motor einer nationalen Verfassungsentwicklung zu aktivieren. Ganz im Gegenteil entwickelte sich der Bund zu einem „Bollwerk gegen verfassungspolitischen Wandel" (D. Langewiesche) sowohl auf nationaler als vor allem auch auf einzelstaatlicher Ebene.

„Bollwerk gegen verfassungspolitischen Wandel"

Dies war eine Reaktion auf die Unzufriedenheit national und liberal gesinnter Kräfte in Deutschland. Zwar gab es keine einheitliche Nationalbewegung, die in grundsätzliche Opposition zum Deutschen Bund getreten wäre. Doch vielerorts regte sich nach 1815 Unmut über den politischen Zustand Deutschlands. Zu den Trägern der Kritik an den politischen Verhältnissen entwickelten sich die von Friedrich Ludwig Jahn 1811 ins Leben gerufene Turnbewegung und die seit 1814/15 entstehenden studentischen Burschenschaften. Sie propagierten ein einiges deutsches Vaterland, in dem das Volk Anteil am Gemeinwesen nehmen sollte. Damit stellten sie sowohl die einzelstaatliche Unabhängigkeit als auch die monarchische Souveränität in Frage, beides Elemente, die ja gerade durch die Bundesakte garantiert und geschützt werden sollten.

Nationalbewegung

Burschenschaften

Die Unzufriedenheit mit der herrschenden politischen Ordnung in Deutschland manifestierte sich öffentlichkeitswirksam auf dem Wartburgfest, zu dem sich am 18. und 19. Oktober 1817 etwa 500 Burschenschaftler trafen. Aus der Gedenkfeier zur Erinnerung an die Reformation und die Leipziger Völkerschlacht von 1813 wurde eine dezidiert politische Aktion, bei der die Forderung nach nationaler Einheit mit der Verbrennung „reaktionärer" Bücher wie den Schriften August Kotzebues, Karl Ludwig von Hallers und der Preußischen Polizeigesetze von Theodor Schmalz sowie des als Symbol der französischen Unterdrückung geltenden Code Napoléon verbunden wurde. Die Radikalisierung der Burschenschaften wurde von Metternich als revolutionäre Bedrohung eingeschätzt, und der österreichische Staatskanzler setzte sich, vorerst noch vergeblich, für eine harte Verfolgung und Bestrafung der national gesinnten Studenten ein.

Wartburgfest 1817

Das Wartburgfest markierte gleichwohl einen wichtigen Einschnitt für das öffentliche Ansehen des Deutschen Bundes. War bis dahin in der politischen Presse und Publizistik noch häufig die Hoffnung geäußert worden, die Bundesversammlung werde sich zum Sachwalter der nationalen Einheit machen, so wurde nun immer öfter harte Kritik am schwerfälligen Gang der Verhandlungen in Frankfurt geübt. In verächtlichem Ton mokierte sich etwa der demokratische Publizist Wilhelm Friedrich Schulz in einer 1819 anonym veröffentlichten Schrift

Wilhelm Friedrich Schulz

über die „Versammlung von fürstlichen Gesandten und Dienern", die nichts zuwege bringe: „Wenn nun dort vom Wohl des deutschen Volks die Rede ist, geht's immer gar langsam und bedächtlich her und geschieht nichts. Es ist wieder die alte Leier und das langsame Wesen wie vor den Franzosenzeiten."

2. Die Wende zur Restauration 1819/20

Die Wende zu einer restaurativen Bundespolitik erfolgte im Jahr 1819/20. Die Handhabe dazu lieferte ein politisch motiviertes Attentat: Am 23. März 1819 ermordete der unter dem Einfluss des radikalen Jenaer Burschenschaftlers Karl Follen stehende Theologiestudent Karl Ludwig Sand den Schriftsteller August von Kotzebue. Den Hass der Burschenschaften hatte sich Kotzebue dadurch zugezogen, dass er als russischer Hofrat geheime Berichte über das deutsche Universitätswesen verfasst und überdies den Patriotismus der Studenten öffentlich verspottet hatte.

Ermordung Kotzebues

Die Tat von Sand wurde von Metternich als Angriff auf die bestehende Ordnung in Deutschland und als Vorbote eines allgemeinen Umsturzes dargestellt. Dies wurde ihm dadurch erleichtert, dass einige national gesinnte Professoren und Publizisten wie Joseph Görres öffentlich Verständnis für Sands Motive bekundeten. Geschickt schürte der österreichische Außenminister die Revolutionsfurcht der deutschen Monarchen, um sie für ein hartes Vorgehen gegen die nationale und liberale Bewegung in Deutschland zu gewinnen. Nach einer Vorverständigung mit der preußischen Regierung traten im August 1819 zehn deutsche Staaten im böhmischen Karlsbad zu geheimen Konferenzen zusammen. Das Ergebnis waren die repressiven „Karlsbader Beschlüsse", die am 16. September 1819 der Bundesversammlung vorgelegt und von dieser am 20. September 1819 als Bundesbeschlüsse angenommen wurden. Das Verfahren war insofern bundesrechtlich fragwürdig, als die Beschlüsse unter großem politischen und zeitlichen Druck durchgepeitscht wurden, wobei die Verfahrensregeln der Bundesversammlung missachtet wurden.

Karlsbader Geheimkonferenzen

Inhaltlich handelte es sich bei den Karlsbader Beschlüssen um vier Maßregeln:

Karlsbader Beschlüsse

1. einen Beschluss über die Universitäten, der diese der staatlichen Kontrolle und Zensur durch einen „landesherrlichen Bevollmäch-

Kontrolle der Universitäten

tigten" unterwarf, die willkürliche Amtsenthebung missliebiger Professoren ermöglichte und die Burschenschaften verbot;

2. einen Beschluss über die „Freiheit der Presse", der diese gerade dadurch aufhob, dass er in allen deutschen Staaten die Zensur für alle Schriften bis zu 20 Bogen (320 Seiten) vorschrieb und schwere Strafen bis hin zum Berufsverbot für Redakteure und Journalisten androhte;   *Pressezensur*

3. einen Beschluss zur Bildung einer „Central-Untersuchungs-Commission" des Bundes mit weitreichenden Befugnissen zur Ermittlung „der gegen die bestehende Verfassung und innere Ruhe, sowohl des ganzen Bundes, als einzelner Bundesstaaten, gerichteten revolutionären Umtriebe und demagogischen Verbindungen";   *Zentraluntersuchungskommission*

4. eine Bundesexekutionsordnung, die ein direktes, notfalls militärisches Eingreifen des Deutschen Bundes in den Einzelstaaten ermöglichte, um die Bundesgesetze und -beschlüsse durchzusetzen.   *Bundesexekutionsordnung*

Die Beschlüsse hinsichtlich der Universitäten und der Presse waren zwar als „provisorisch" deklariert, wurden aber immer wieder verlängert und blieben bis zur Revolution von 1848 in Kraft. Das gleiche galt für den Beschluss über die Zentraluntersuchungskommission, die allerdings 1828 ihre Tätigkeit einstellte, und für die Exekutionsordnung, die in der Fassung vom 3. August 1820 bis 1848 Gültigkeit hatte.

Mit den Karlsbader Beschlüssen stand ein wirksames Instrumentarium zur Verfügung, um die öffentliche Meinung zu knebeln und oppositionelle Bewegungen zu kriminalisieren. Aber die deutschen Regierungen ließen es dabei nicht bewenden, sondern sicherten den Fortbestand der bisherigen Ordnung zusätzlich durch eine entsprechende Ergänzung der Bundesakte ab. Zu diesem Zweck versammelten sich die Vertreter der deutschen Regierungen auf Initiative Österreichs und Preußens Ende 1819 in Wien zu Ministerialkonferenzen. In direkten Verhandlungen, die vom 25. November 1819 bis zum 24. Mai 1820 dauerten, einigten sich die Minister auf die „Wiener Schlussakte" (15. Mai 1820), die als zweites Bundesgrundgesetz neben die Bundesakte von 1815 trat.   *Wiener Ministerialkonferenzen 1819/20*

Die Schlussakte, die am 8. Juli 1820 von der Bundesversammlung angenommen wurde, war mit 65 Artikeln wesentlich umfangreicher und detaillierter als die Bundesakte. Sie bekräftigte einerseits noch einmal die grundlegenden Prinzipien der staatenbündischen Ordnung und traf andererseits eine ganze Reihe von Vorkehrungen, um Angriffe auf diese Ordnung abzuwehren. Besonders gravierend war die ausdrückliche Festschreibung des so genannten monarchischen Prinzips, wonach die „gesammte Staats-Gewalt" bei den souveränen Fürsten verbleiben musste (Art. 57). Dies setzte einer einzelstaatlichen Verfassungsent-   *Wiener Schlussakte*   *Monarchisches Prinzip* wicklung in liberaler Hinsicht enge Grenzen. Zwar wurden die seit 1816 in einigen Mittel- und Kleinstaaten eingeführten „landständischen" Verfassungen unter die ausdrückliche Garantie des Bundes gestellt (Art. 56), doch wurde gleichzeitig proklamiert, dass kein Bundesfürst durch eine landständische Verfassung in der Erfüllung seiner Bundespflichten behindert werden dürfe. Diese Bundespflichten wurden nun, was die innere Politik betraf, viel präziser definiert als in der Bundesakte. Zentrales Ziel war die „Aufrechthaltung der innern Ruhe und Ordnung". Für den Fall, dass einzelne Staaten dazu nicht willens oder in der Lage waren, sah die Wiener Schlussakte ein direktes Eingreifen des Bundes vor.

Garantie der landständischen Verfassungen

Mit der Wiener Schlussakte war die „konservativ-restaurative Rückentwicklung" der Bundesverfassung (E. R. Huber) abgeschlossen. In der inneren Bundespolitik hatte seit 1819/20 die Sicherung des Status quo absolute Priorität, während die föderative Integration Deutschlands, welche bei der Bundesgründung ein wichtiges Leitmotiv gewesen war, praktisch aufgegeben wurde. Der Deutsche Bund hatte sich zu einem Instrument der Reaktion entwickelt, das den liberalen und nationalen Kräften den Kampf ansagte.

„Restaurative Rückentwicklung" der Bundesverfassung

3. Repression und politischer Stillstand in den 1820er Jahren

Die reaktionäre Wende auf Bundesebene hatte gravierende Konsequenzen für die deutsche Politik, die weit über die unmittelbare Verfolgung der politischen Opposition hinausreichten. In der Bundesversammlung selbst gerieten jene Kräfte zunehmend in die Defensive, die sich seit 1816/17 für eine Reform- und Integrationspolitik eingesetzt hatten. Alle auch noch so zaghaften Ansätze für eine Vereinheitlichung der disparaten Wirtschafts- und Rechtssysteme wurden abgeblockt. Die Bemühungen einiger mittelstaatlicher Politiker, insbesondere der Bundestagsgesandten Johann Adam von Aretin (Bayern), Karl August von Wangenheim (Württemberg), Hans Georg von Carlowitz (Sachsen), Heinrich Wilhelm Karl von Harnier (Hessen-Darmstadt) und Georg Ferdinand von Lepel (Kurhessen), durch einen engeren Zusammenschluss des so genannten Dritten Deutschland beziehungsweise der „reindeutschen" Staaten eine Plattform für einen inneren Ausbau des Bundes zu schaffen, scheiterten am Widerspruch Metternichs, der schließlich die Abberufung jener Gesandten durchsetzte.

Ende der Reformpolitik

Schon vor dieser „Epuration" des Bundestags im Jahr 1823 war die verfassungspolitische Entwicklung in den Einzelstaaten zum Stillstand gekommen. Die Politik der Konstitutionalisierung, die, teilweise gestützt auf Artikel 13 der Bundesakte, in Bayern, Baden, Württemberg und Hessen-Darmstadt zum Erlass von modernen Repräsentativverfassungen geführt hatte, wurde seit 1819/20 ausgesetzt. In den bestehenden Parlamenten sorgten die Regierungen durch Wahlbeeinflussungen und Disziplinierungsmaßnahmen gegen unbotmäßige Abgeordnete für gouvernementale Mehrheiten. Hinzu kamen gesetzliche Maßnahmen, mit denen unter Berufung auf die bundesrechtlichen Vorgaben die bürgerlichen und politischen Rechte eingeschränkt wurden.

„Epuration" des Bundestags

Eine unmittelbare Auswirkung der Karlsbader Beschlüsse waren die vielfältigen, von den einzelstaatlichen Regierungen durchgeführten Maßnahmen zur Einschränkung der Presse- und Meinungsfreiheit, zur Kontrolle der Universitäten und zur Verfolgung von Professoren, Studenten und Journalisten, die im Verdacht standen, nationale und liberale Ziele zu propagieren. Viele akademische Lehrer wurden gemaßregelt, einige verloren ihre Lehrstühle und mussten emigrieren. Prominente Opfer dieser politischen Säuberungen waren Ernst Moritz Arndt, der 1820 von seinem Bonner Lehrstuhl abgesetzt und erst 1840 rehabilitiert wurde, der Jenenser Professor Jakob Friedrich Fries, der von 1819 bis 1824 vom Dienst suspendiert blieb, Friedrich Ludwig Jahn, der wegen demagogischer Umtriebe von 1819 bis 1825 inhaftiert wurde, und Joseph Görres, der nach dem Verbot des von ihm herausgegebenen „Rheinischen Merkur" 1819 ins Schweizer Exil ging.

Folgen der Karlsbader Beschlüsse

Politische Säuberungen

Die siebenköpfige Zentraluntersuchungskommission des Deutschen Bundes, die infolge der Karlsbader Beschlüsse am 8. November 1819 zusammentrat und ihren Sitz in der Bundesfestung Mainz nahm, sammelte über Jahre hinweg Informationen über Personen, die im Verdacht standen, sich an „revolutionären Umtriebe(n) und demagogischen Verbindungen" zu beteiligen, welche gegen „die bestehende Verfassung und innere Ruhe" gerichtet seien. Tausende von Personen gerieten ins Fadenkreuz der Ermittler, und im Abschlussbericht der Zentraluntersuchungskommission vom 14. Dezember 1827 wurden selbst die ehemaligen preußischen Minister Stein, Gneisenau und Hardenberg als Förderer einer angeblich nationalrevolutionären Bewegung genannt. Konkrete Beweise für eine revolutionäre Bedrohung konnte die Zentraluntersuchungskommission nicht erbringen, aber ihre Tätigkeit schuf ein vergiftetes „Klima der Verfolgung und Bespitzelung" (E. Büssem), in dem der bloße Verdacht, ein Sympathisant der nationalen Kräfte zu sein, existenzbedrohend wirkte.

Mainzer Zentraluntersuchungskommission

„Klima der Verfolgung und Bespitzelung"

Die polizeiliche und gerichtliche Umsetzung der Karlsbader Beschlüsse lag in den Händen der einzelstaatlichen Behörden, denn der Bund verfügte weder über eine Polizei noch über ein Bundesgericht. Gleichwohl wurde die Unterdrückung der Opposition in den deutschen Staaten mit großer Konsequenz und Härte durchführt.

Pressezensur

In allen deutschen Staaten wurde die Pressezensur eingeführt, wobei zuweilen auf uralte Gesetze zurückgegriffen wurde – wie etwa im Königreich Hannover, wo das Zensuredikt von 1705 wieder in Kraft trat. Einige Staaten gingen in ihren Zensurbestimmungen noch über die Karlsbader Beschlüsse hinaus. So dehnte die badische Regierung die restriktiven Pressebestimmungen auch auf das gesprochene Wort aus, indem Reden in Kirchen und Schulen sowie bei öffentlichen Versammlungen nach den gleichen Maßstäben wie Publikationen behandelt wurden.

Durchführung der Karlsbader Beschlüsse

Größere Widerstände gegen die Durchführung der Karlsbader Beschlüsse gab es nicht. Selbst in Bayern, wo die Pressefreiheit durch die Verfassung garantiert war, setzte die Regierung bis 1823 die Anpassung an das Bundessystem durch. Gewisse Spielräume hatten die Einzelstaaten in der praktischen Handhabung der Beschlüsse. So wurden etwa bei der Überwachung der württembergischen Universitäten die rechtsstaatlichen Formen stärker beachtet. Insgesamt gesehen konnten jedoch die Karlsbader Beschlüsse im gesamten Bundesgebiet mit bemerkenswerter Konsequenz umgesetzt werden. Die Besorgnisse mancher Regierungen hinsichtlich ihrer einzelstaatlichen Souveränität sowie die partikularen konstitutionellen und rechtlichen Garantien führten zwar hier und da zu Diskussionen und Auseinandersetzungen, aber die weitgehende Konformität der vom Bund verordneten Unterdrückungspolitik wurde dadurch nicht in einem erheblichen Maß beeinträchtigt.

4. Der Ausbau des Systems der Reaktion nach der Julirevolution

Julirevolution 1830 in Paris

Mit der gewaltsam erzwungenen politischen Ruhe im Deutschen Bund war es vorbei, als seit dem Jahr 1830 neue revolutionäre Erschütterungen in Europa die restaurative Ordnung bedrohten. Die Revolution vom 27.–29. Juli 1830 in Paris, die am 2. August zur Abdankung des reaktionären Königs Karl X. und eine Woche später zur Einsetzung des „Bürgerkönigs" Louis Philippe führte, ließ in Deutschland den politischen Protest gegen das herrschende System wieder aufflammen. Seit

August 1830 kam es in zahlreichen deutschen Staaten zu Unruhen und Krawallen. Diese waren am heftigsten in jenen Ländern, in denen die Bestimmung des Artikels 13 der Bundesakte zur Einführung von landständischen Verfassungen bislang ignoriert worden war. Nachdem in Süddeutschland schon 1818/19 moderne Repräsentativverfassungen eingeführt worden waren, kam es nun in der Mitte und im Norden Deutschlands zu einer „zweiten konstitutionellen Verfassungswelle" (E. Fehrenbach). Unruhen in Deutschland

Im Herzogtum Braunschweig, wo es schon seit Jahren Streit um die Gültigkeit der Landschaftsordnung von 1820 gegeben hatte, wurde bei einem Aufstand am 6. und 7. September 1830 das herzogliche Schloss geplündert und in Brand gesteckt. Der Herzog musste fliehen und wurde abgesetzt. An seine Stelle trat sein Bruder, der mit den Landständen eine moderne Repräsentativverfassung vereinbarte, die am 12. Oktober 1832 verabschiedet wurde. In Kurhessen brachen ebenfalls im September 1830 Aufstände und Tumulte aus, die wie in Braunschweig zur Vereinbarung einer neuen Verfassung zwischen dem Monarchen und den Ständen führten. Im Königreich Sachsen hatte der Aufruhr schon im Juli 1830 begonnen. Die herrschenden Gewalten versuchten die Proteste durch einen Regierungswechsel und die Berufung des Prinzen Friedrich August zum Mitregenten einzudämmen, aber auch hier drängte die bürgerlich-liberale Opposition auf eine Konstitutionalisierung, die mit der Verfassung vom 4. September 1831 gewährt wurde. Im Königreich Hannover kam es nach mehreren Aufständen im Jahr 1831 ebenfalls zum Wechsel des Regierungspersonals und zur Einführung einer neuen Verfassung, die am 26. September 1833 in Kraft gesetzt wurde. Braunschweig
Kurhessen
Sachsen
Hannover

Auch in den konstitutionellen süddeutschen Staaten begann im Jahr 1830 eine Zeit der Unruhen und harter politischer Konfrontationen. In Hessen-Darmstadt, Bayern, Württemberg und Baden setzten die liberalen Landtagsmehrheiten mit der Forderung nach Reformen die Regierungen und die Monarchen unter Druck. Dies führte zu jahrelangen Auseinandersetzungen, bei denen in Bayern und Baden die Spannungen durch die Abberufung konservativer Minister gemildert werden konnten, während vor allem Hessen-Darmstadt, aber auch Württemberg durch einen harten Kurs die politische Lage zu kontrollieren versuchten. Süddeutschland

Insgesamt führten die vielfältigen Proteste in Deutschland nicht zu einem allgemeinen Flächenbrand im Sinne einer revolutionären Bedrohung, welche die bestehende Ordnung insgesamt aus den Angeln zu heben trachtete. Die Tumulte waren lokale, isolierte, in ihren Motiven Keine revolutionäre Bedrohung

und Zielen ganz disparate Ereignisse, die in allen Fällen von den einzelstaatlichen Militärkräften rasch niedergeschlagen bzw. durch begrenzte politische Konzessionen eingedämmt werden konnten.

Drängen auf Reformen Die bestehende politische Ordnung wurde nach 1830 weniger durch revolutionäre Kräfte als vielmehr durch das Drängen auf liberale und konstitutionelle Reformen herausgefordert. Bei den politischen Auseinandersetzungen in den Einzelstaaten betrieben die bürgerlichen Oppositionskräfte keinesfalls den Umsturz des Systems. Dort, wo es noch keine moderne Repräsentativverfassung gab, setzten sie sich unter Berufung auf Artikel 13 der Bundesakte für die Schaffung einer solchen ein. In den Verfassungsstaaten ging es um die Durchsetzung einer konstitutionellen Regierungsweise, das heißt um die Ablösung autoritär-konservativer Minister und die Aufhebung der reaktionären Maßnahmen, die seit 1819 eingeführt worden waren.

Auf der gesamtdeutschen Ebene setzten in der Folge der Julirevolution zwei Entwicklungen ein, die geeignet waren, die politischen Verhältnisse in Deutschland grundlegend zu verändern. Die eine war die **Carl Theodor Welcker** erstmals von Carl Theodor Welcker am 15. Oktober 1831 in der badischen Zweiten Kammer erhobene Forderung nach „Vervollkommnung der organischen Entwicklung des deutschen Bundes zur bestmöglichen Förderung deutscher Nationaleinheit und deutscher staatsbürgerlicher **Forderung nach Bundesreform** Freiheit" durch ein nationales Parlament („Nationalrath"). Fast zeitgleich plädierte in der kurhessischen Ständeversammlung **Sylvester Jordan** dan, der als Vorsitzender des Verfassungsausschusses maßgeblich an der Ausarbeitung und Einführung der neuen Verfassung mitgewirkt hatte, für eine stärkere nationale Einheit und eine „constitutionelle Verfahrungsweise" am deutschen Bundestag in Frankfurt am Main. Jordan berief sich dabei ebenso wie Welcker auf die Artikel 13, 18 und 19 der Bundesakte, deren Erfüllung er einforderte. Auch der demokratische **Wilhelm Friedrich Schulz** Publizist Wilhelm Friedrich Schulz sah die Bundesakte als die Basis für eine umfassende Bundesreform an, als er in seiner Schrift „Deutschlands Einheit durch Nationalrepräsentation" vom Juni 1832 die „zeitgemäße Erfüllung" des Artikels 13 der Bundesakte und die „demnächstige Vervollkommnung des Organismus der Bundesverfassung" verlangte. Kernstück der wiederholt angemahnten „zeitgemäßen Organisation des deutschen Bundes" sollte neben der Gewährung liberaler Grundrechte wie Presse-, Meinungs-, Vereins- und Versammlungsfreiheit eine ge**Deutsche Abgeordneten- versammlung** samtdeutsche Versammlung von gewählten Abgeordneten sein, die an einer nationalen Gesetzgebung beteiligt sein sollte. Zielperspektive vieler Liberaler war die Ausbildung des Deutschen Bundes zu einem konstitutionellen Föderativstaat, in dem die einzelstaatlichen Regierungen, die Bundesversammlung und eine Abgeordnetenversammlung bei der Förderung der nationalen Interessen zusammenwirken sollten.

Dieses Konzept der durchgreifenden Bundesreform auf der Grundlage des bestehenden Bundesrechts stand in krassem Gegensatz zur Bundespolitik seit 1819/20. Ein Abweichen von diesem repressiven Kurs kam nach 1830 für kaum eine deutsche Regierung in Betracht, weil man befürchtete, dadurch den Protesten und Unruhen einen noch größeren Spielraum zu geben. Die von den Liberalen verlangte Konstitutionalisierung des Deutschen Bundes wurde von den Einzelregierungen ebenfalls strikt abgelehnt. Einerseits befürchteten sie, sich damit auf Bundesebene die gleichen Probleme mit gewählten Abgeordneten einzuhandeln, die in den Einzelstaaten zu jahrelangen heftigen Auseinandersetzungen zwischen Regierung und Parlament geführt hatten. Andererseits erblickten die deutschen Monarchen und Minister in einer ausgedehnteren legislativen Tätigkeit der Bundesversammlung – gar unter Beteiligung von Abgeordneten – eine Gefahr für die einzelstaatliche Souveränität und Unabhängigkeit. Und schließlich hatten die beiden Führungsmächte des Bundes, die von politischen Unruhen nach 1830 verschont blieben, keinerlei Interesse daran, dem Deutschen Bund größere Kompetenzen oder gar eine stärker nationale Ausrichtung zu geben.

Zurückweisung der Bundesreform

In dieser ablehnenden Haltung gegenüber einer Bundesreform wurden die deutschen Regierungen bestärkt durch die zweite Entwicklung, die sich in Deutschland nach 1830 anbahnte. Es formierte sich nämlich nun erstmals eine politische Bewegung, deren erklärtes Ziel die Schaffung eines nationalen Bundes- und Verfassungsstaates in Deutschland war. Zum Kristallisationspunkt dieser Bestrebungen wurde der deutsche Press- und Vaterlandsverein, der am 29. Januar 1832 in Zweibrücken gegründet wurde und dem sich rasch eine große Zahl von Filialvereinen vor allem im südlichen Deutschland anschlossen. Unter seinen Protagonisten Philipp Jakob Siebenpfeiffer und Johann Georg August Wirth proklamierte der Verein eine „Grundreform Deutschlands", wie es Wirth in seiner Schrift „Die politische Reform Deutschlands" formulierte. Eine solche Umgestaltung, die Deutschland die „volle, wahre Freiheit" und die „politische Einheit" bringen sollte, hielt Wirth auf dem Weg der konstitutionell-monarchischen Verfassung und der Bundesreform nicht für möglich.

Press- und Vaterlandsverein 1832

Philipp Jakob Siebenpfeiffer

Johann Georg August Wirth

Im Press- und Vaterlandsverein schufen sich jene liberal-demokratischen Kräfte eine Plattform, die das monarchische Prinzip und die konstitutionelle Monarchie in Frage stellten und statt dessen für Volkssouveränität und republikanische Regierungsweise plädierten. Dies

Volkssouveränität und Republik

war zugleich eine Kampfansage an den Deutschen Bund, denn dieser wurde als eine durch und durch reaktionäre Macht kritisiert, mit deren Fortbestand deutsche Freiheit und Einheit unvereinbar seien. Konsequenterweise rief Wirth das deutsche Volk auf, gegen die zu erwartenden Unterdrückungsmaßnahmen des Bundes „den passiven Widerstand" zu organisieren: „Je heftiger die Angriffe des Bundestags gegen unsere Freiheit seyn werden, desto kraftvoller muss der Widerstand seyn. Jeden Gewaltstreich des Bundestags beantworte man mit entschlossenen Protestationen. Bei jedem belehre man das Volk über die Rechtswidrigkeit desselben und über den brennenden Schimpf, der dadurch der deutschen Ehre zugefügt wird. Man überzeuge endlich auch den Geringsten im Volke, daß der Bundestag für Deutschland der Inbegriff alles Schimpflichen und Entehrenden sey, und daß aus dieser Versammlung von Volksverräthern noch nichts anderes als Unheil und Schande über Deutschland ausgegangen ist."

Der Press- und Vaterlandsverein setzte bei seinem Kampf gegen den Deutschen Bund auf die Macht der öffentlichen Meinung. Diese wurde einerseits beeinflusst durch die liberale Presse, vor allem durch die Tageszeitungen „Der Westbote" und „Deutsche Tribüne", die von Siebenpfeiffer und Wirth seit 1831 in der linksrheinischen Pfalz, wo die Zensur weniger strikt gehandhabt wurde, herausgegeben wurden. Zur Mobilisierung der Opposition wurde ferner verstärkt das Mittel der politischen Feste eingesetzt. Diese hatten zunächst den Charakter von Festessen zu Ehren liberaler Abgeordneter (z. B. „Welcker-Essen"), entwickelten sich aber im Jahr 1832 zu weit ausstrahlenden politischen Volksfesten. Zum größten und politisch brisantesten dieser Feste wurde das vom Press- und Vaterlandsverein organisierte „Hambacher Fest" vom 27.–30. Mai 1832. Zu diesem „Nationalfest der Deutschen" (J. G. A. Wirth) versammelten sich ca. 30 000 Teilnehmer auf der Ruine des Hambacher Schlosses bei Neustadt an der Hardt in der Pfalz. In den Festreden wurde die Einheit Deutschlands auf der Basis der vollen und echten Volkssouveränität gefordert. Siebenpfeiffer rief zum Kampf gegen den Deutschen Bund, „diesen politischen Vatikan", auf und verlangte „die nationaldemokratische Republik"; ähnlich argumentierte Wirth, der in der „Beseitigung der deutschen Fürstenthrone" die Voraussetzung für eine freie und einheitliche nationale Entwicklung sah. Der Weg dazu, so Karl Brüggemann, sei die „legale Revolution". Allerdings fand sich für den Antrag Siebenpfeiffers, eine „provisorische Regierung" zu bilden, die „als ein Nationalkonvent, als eine Nationalrepräsentation" der Frankfurter Bundesversammlung gegenübertreten sollte, keine Mehrheit. Statt dessen wurde beschlossen, den Press- und

Marginalien:

Kritik am Deutschen Bund

Öffentliche Meinung

Liberale Presse

Politische Feste

Hambacher Fest

Vaterlandsverein, den die bayerische Regierung schon am 1. März 1832 verboten hatte, zu einem „Deutschen Reformverein" umzubilden. Die in der Vereins- und Festbewegung engagierten Liberalen und Demokraten waren revolutionär in der Rhetorik, im politischen Handeln schreckten sie allerdings vor dem Versuch des gewaltsamen Umsturzes zurück. Gleichwohl gab das Hambacher Fest der Bundesversammlung in Frankfurt den letzten Anstoß zu einer entschiedenen Reaktionspolitik gegen die liberalen und nationalen Bestrebungen in Deutschland. Der Deutsche Bund hatte bislang auf die Kritik an seiner Politik mit Einzelmaßnahmen wie dem Verbot von Adressen an die Bundesversammlung (27. 10. 1831) und dem Verbot liberaler Presseorgane (2. 3. 1832) reagiert. Jetzt aber sah Metternich die Zeit zum „Zuschlagen" gekommen. Die seit Oktober 1831 zwischen den Kabinetten von Österreich und Preußen geführten Beratungen über repressive Bundesmaßnahmen, in die im April 1832 auch die Regierungen von Bayern, Württemberg und Sachsen einbezogen worden waren, wurden nach dem Hambacher Fest intensiviert. Das Ergebnis waren zwei Bundesbeschlüsse „zur Aufrechterhaltung der gesetzlichen Ordnung und Ruhe im Deutschen Bund". Die „Sechs Artikel" vom 28. Juni 1832 zielten darauf ab, das monarchische Prinzip zu stärken und die Partizipationsansprüche der Länderparlamente zu beschneiden. Die Monarchen wurden verpflichtet, alle Forderungen und Beschlüsse ihrer Landstände, die mit den Bundespflichten kollidierten, zurückzuweisen. Bei „Widersetzlichkeit der Unterthanen gegen die Obrigkeit" wurde die Bundesversammlung ermächtigt, notfalls in den Einzelstaaten „auch unaufgerufen zur Wiederherstellung der Ordnung und Sicherheit einzuschreiten". Ferner wurde bekräftigt, dass die innere Gesetzgebung in den deutschen Staaten weder den Bundeszwecken noch den Bundespflichten der Einzelregierungen hinderlich sein durfte. Um sicherzustellen, dass diese Grundsätze beachtet wurden, beschloss die Bundesversammlung die Einsetzung einer Bundeskommission, die zunächst für den Zeitraum von sechs Jahren die Verhandlungen der einzelstaatlichen Parlamente überwachen und der Bundesversammlung Bericht erstatten sollte, wenn es zu bundeswidrigen Anträgen und Beschlüssen kam. Die Regierungen wurden aufgefordert, durch angemessene Vorkehrungen etwa im Hinblick auf die Geschäftsordnung ihrer Kammern Angriffe auf den Deutschen Bund in den Parlamenten zu verhindern. Schließlich wurde bekräftigt, dass die Auslegung der Bundesakte und der Wiener Schlussakte nur der Bundesversammlung zustand.

Die „Zehn Artikel", die eine Woche nach den „Sechs Artikeln" am 5. Juli 1832 von der Bundesversammlung beschlossen wurden, ent-

Revolutionäre Rhetorik

Repressive Bundesmaßnahmen

Sechs Artikel

Zehn Artikel

hielten eine Reihe von konkreten Verbotsmaßnahmen. Diese bezogen sich zum einen auf die Karlsbader Beschlüsse von 1819, deren konsequente Durchführung im Hinblick auf die Pressezensur und die Überwachung der Universitäten allen Regierungen nachdrücklich aufgegeben wurde.

Verbot politischer Vereine

Hinzu kamen neue Maßnahmen zur Unterdrückung der politischen Opposition: Alle politischen Vereine wurden verboten; Volksfeste und Volksversammlungen durften nur noch mit staatlicher Genehmigung stattfinden, wobei es untersagt war, dabei „öffentliche Reden politischen Inhalts" zu halten; das öffentliche Tragen von politischen Abzeichen in anderen als den eigenen Landesfarben war ebenso verboten wie das unautorisierte Aufstecken von Fahnen und das Errichten von Freiheitsbäumen; die polizeiliche Überwachung von Oppositionellen, seien es Einheimische oder Fremde, sollte intensiviert und koordiniert werden; geflohene politische Verbrecher sollten ausgeliefert werden.

Kritik der Liberalen

Die liberale Opposition bewertete die „Ordonnanzen des Bundestags" als einen „Staatsstreich gegen die konstitutionellen Verfassungen", wie es das in Freiburg erscheinende Blatt „Der Freisinnige" am 14. Juli 1832 formulierte. In der Tat wurden durch die „Sechs Artikel" die konstitutionellen Rechte in den deutschen Einzelstaaten erheblich eingeschränkt. Der Befürchtung, die einzelstaatliche Gesetzgebung werde nun unter die direkte Kuratel des Deutschen Bundes gestellt, versuchten einige Regierungen dadurch entgegenzuwirken, dass sie bei der Publikation der „Sechs Artikel" erläuternde Erklärungen hinzufügten, in welchen die Unabhängigkeit der Einzelstaaten bekräftigt wurde. Die liberalen Abgeordneten ließen sich damit aber nicht beruhigen. In der württembergischen Kammer der Abgeordneten brachte am 13. Februar 1833 der Führer der liberalen Opposition Paul Pfizer den Antrag ein, die „Sechs Artikel" „als für Württemberg nicht existirend" zu betrachten, weil sie verfassungswidrig seien. König Wilhelm I. löste daraufhin am 22. März 1833 den Landtag auf.

Paul Pfizer

Konflikte in den Einzelstaaten

Auseinandersetzungen zwischen den Kammern der Abgeordneten und den Regierungen gab es nach 1830 in etlichen deutschen Staaten. Es ging dabei um grundsätzliche Fragen der konstitutionellen Rechte und der Gesetzgebung. Infolge der Bundesreaktionsbeschlüsse von 1832 gewannen die einzelstaatlichen Konflikte eine bundespolitische Dimension. Der Deutsche Bund setzte in vielen Fällen seinen Standpunkt mit indirekten diplomatischen Interventionen bei den Monarchen und Regierungen durch, die diese zu einem unnachgiebigen Kurs ermutigten. Zuweilen griff aber die Bundesversammlung auch direkt ein, um liberale Tendenzen zu unterdrücken. Die gravierendste

Einmischung des Bundes in die inneren Angelegenheiten eines Bundesmitglieds erfolgte im Großherzogtum Baden. Dort war es nach dem Thronwechsel im Jahr 1830 unter dem neuen Großherzog Leopold zu einer innenpolitischen Liberalisierung gekommen. Im Jahr 1831 hob die liberale Kammermehrheit die reaktionären Verfassungsänderungen von 1825 auf. Ferner setzte der Landtag ein neues Pressegesetz durch, das am 1. März 1832 in Kraft trat. Mit dem Gesetz wurde die Pressezensur in Baden aufgehoben, zumindest für alle jene Zeitungen und Zeitschriften, die sich ausschließlich mit innerbadischen Themen befassten. Für Druckerzeugnisse, die sich ganz oder teilweise auf den Deutschen Bund oder andere Bundesmitglieder bezogen, sollte es bei der Vorzensur bleiben. Trotz dieser Einschränkung war die Einführung der Pressefreiheit in Baden mit dem geltenden Bundesrecht, insbesondere den Karlsbader Beschlüssen, nicht vereinbar. Am 5. Juli 1832 verlangte die Bundesversammlung die Suspendierung des badischen Pressegesetzes. Dem kam der badische Großherzog am 28. Juli nach, indem er – ohne Mitwirkung des Landtags – das Gesetz teilweise für unwirksam erklärte und die Zensur wieder einführte. Zu dieser Entscheidung trug maßgeblich die von Österreich und Preußen gegen Baden ausgesprochene Drohung bei, die Rücknahme des Pressegesetzes notfalls durch eine Bundesexekution sicherzustellen.

Das kompromisslose Vorgehen des Deutschen Bundes gegen alle freiheitlichen Regungen begünstigte die Radikalisierung in Teilen der politischen Opposition. Im Frühjahr 1833 entschloss sich eine kleine Gruppe von Studenten und jungen Akademikern zu dem Versuch, den deutschen Bundestag gewaltsam zu beseitigen. Am 3. April 1833 überfielen etwa 50 Aufständische die Hauptwache und die Konstablerwache in Frankfurt am Main. Allerdings gelang es weder, wie geplant, das Bundestagsgebäude in der Eschenheimer Gasse zu besetzen und die Bundestagsgesandten festzunehmen, noch wurde durch den „Frankfurter Wachensturm" ein allgemeiner Volksaufstand ausgelöst. Das Fiasko des Frankfurter Unternehmens, das schon am 4. April von den städtischen Truppen niedergeschlagen wurde, belegte, dass es in Deutschland keine breite nationalrevolutionäre Bewegung gab. Gleichwohl nahm der Deutsche Bund, unter der energischen Leitung Metternichs, den „Wachensturm" zum Anlass für weitere reaktionäre Maßnahmen. In der Stadt Frankfurt wurden am 15. April 1833 zum Schutz der Bundesversammlung 2500 Mann Bundestruppen stationiert. Am 20. Juni 1833 setzte die Bundesversammlung eine neue Zentralbehörde ein, die das „Complott gegen den Bund" untersuchen sollte. Diese Behörde ermittelte in den folgenden Jahren gegen über 2000 verdächtige Perso-

Großherzogtum Baden

Radikalisierung

Frankfurter Wachensturm

Zentraluntersuchungsbehörde

nen, die im „Schwarzen Buch" von 1838 und der „Gesamtinkulpaten-Tabelle" von 1839/42 namentlich aufgelistet wurden.

Neben der Zentraluntersuchungsbehörde des Bundes führte noch eine weitere Stelle Ermittlungen gegen die „revolutionären Umtriebe" durch: das geheime **Mainzer Informationsbüro**, das von Metternich im April 1833 eingerichtet wurde. Dieses Büro unterhielt ein weites Netz von Agenten und Spitzeln, die Metternich bis 1848 über die Aktivitäten der politischen Opposition in Deutschland wie auch im benachbarten Ausland unterrichteten.

Die seit 1832/33 erheblich intensivierte polizeiliche Überwachung, die von den Einzelstaaten betriebene juristische Verfolgung und die unter dem Druck der Bundesversammlung eingeleitete Rücknahme konstitutioneller Reformen dämmten die Bestrebungen sowohl der gemäßigten als auch der radikalen Oppositionskräfte, in Deutschland einen Kurswechsel hin zu einer nationalen und freiheitlichen Politik herbeizuführen, rasch ein. Jedoch ließ es der Deutsche Bund dabei nicht bewenden. Vielmehr wurde die angebliche Revolutionsgefahr dazu benutzt, das Rad der Entwicklung noch weiter zurückzudrehen. Um den „Übeln der Zeit" durch energische Maßnahmen zu begegnen, schlug Österreich im August 1833 geheime Kabinettskonferenzen nach dem Vorbild der Karlsbader Verhandlungen von 1819 vor. Nach längeren Vorberatungen traten am 13. Januar 1834 Bevollmächtigte der deutschen Staaten in Wien zusammen, die sich am 12. Juni 1834 auf ein Schlussprotokoll einigten, das in **sechzig Artikeln** die „Grundsätze" und „Maßregeln" festhielt, nach denen der Bund wie die Einzelstaaten ihre künftige Politik auszurichten hatten. Das in der Wiener Schlussakte von 1820 formulierte „monarchische Prinzip" wurde zu einer Handlungsanweisung verabsolutiert, die jeden konstitutionellen Fortschritt in Deutschland ausschloss: „Jede demselben widerstrebende, auf eine Theilung der Staatsgewalt abzielende Behauptung ist unvereinbar mit dem Staatsrechte der im deutschen Bunde vereinigten Staaten, und kann bei keiner deutschen Verfassung in Anwendung kommen."

Die ständischen Rechte wurden durch eine Vielzahl von Bestimmungen eingeschränkt. Während die verfassungsmäßigen Kompetenzen der Landtage vor allem bei der Budgetbewilligung und der Gesetzgebung ganz eng ausgelegt wurden, wurde den Regierungen ein weitgehendes Verordnungsrecht zugestanden, zu dessen Durchsetzung gegen etwaige parlamentarische Widerstände die „Bundeshülfe" in Aussicht gestellt wurde. In zehn Artikeln wurden Maßnahmen zur bundeseinheitlichen Handhabung der Pressezensur vereinbart, wobei es

Mainzer Informationsbüro

Wiener Kabinettskonferenz 1834

Sechzig Artikel

den Regierungen vor allem darauf ankam, „Censurlücken nirgends [zu] dulden".

Neunzehn Artikel waren der verschärften Überwachung der Universitäten gewidmet. Auch hier wurde angestrebt, eine „Gleichförmigkeit" herzustellen. Dies ging so weit, dass sogar die Termine der Semesterferien bundesweit einheitlich sein sollten. Die Reise-, Versammlungs- und Vereinsfreiheit der Studenten wurde vollends beseitigt, ebenso die Berufsfreiheit der Dozenten, die an keiner deutschen Universität mehr angestellt werden durften, wenn sie in einem Land ihres Amtes enthoben worden waren.

Der größte Teil der „Sechzig Artikel" wurde geheimgehalten. Formell zum Bundesbeschluss erhoben wurden lediglich die Vereinbarungen zur Einrichtung eines Bundesschiedsgerichts, das in Verfassungskonflikten zwischen den Regierungen und den Landtagen vermitteln sollte. Dieses fakultative Gericht erlangte keine Bedeutung, denn es wurde niemals angerufen.

Während sich die Wiener Kabinettskonferenz im Hinblick auf die Unterdrückung der politischen Opposition auf einen umfangreichen Maßnahmenkatalog verständigte, ließ sie die von einigen Regierungen ausgehenden Anregungen zu Reformen unbeachtet. Ein Antrag Hannovers, die handelspolitische Zusammenarbeit im Deutschen Bund zu intensivieren, um die wirtschaftliche Einheit Deutschlands zu fördern, wurde ebensowenig aufgegriffen wie der Vorschlag Sachsens, das „deutsche Nationalwohl" durch ein allgemeines deutsches Münz-, Maß- und Gewichtssystem zu steigern. Der Deutsche Bund überließ das Feld der wirtschaftlichen Harmonisierung, das für die innere Nationsbildung eine große Bedeutung gewinnen sollte, dem unter preußischer Vorherrschaft stehenden Deutschen Zollverein, der am 1. Januar 1834 in Kraft getreten war. Die von den Liberalen begrüßte Zollunion eines großen Teils von Deutschland erfolgte ohne die Mitwirkung des Bundes gerade zu jenem Zeitpunkt, als sich der Bund auf die verschärfte antiliberale und antinationale Repression verständigte.

Reformanregungen

Deutscher Zollverein

Mit den „Sechzig Artikeln" war die repressive Energie des Deutschen Bundes aber noch nicht erschöpft. Es folgten in den nächsten Jahren weitere Unterdrückungsmaßnahmen. Am 15. Januar 1835 verfügte ein Bundesbeschluss eine strenge polizeiliche Aufsicht über wandernde Handwerksgesellen und verbot ihnen das Wandern in jene Länder und Orte, in denen oppositionelle Associationen geduldet wurden. Dies richtete sich in erster Linie gegen die deutschen Emigrantengruppen in der Schweiz, in der vor allem die radikalen Demokraten Zuflucht vor der Verfolgung in Deutschland gefunden hatten. In einem weiteren

Weitere Repressivmaßnahmen

Bundesbeschluss vom 10. Dezember 1835 verpflichteten sich die deutschen Regierungen, die Schriften jener politisch engagierten Literaten wie Heinrich Heine, Karl Gutzkow, Ludwig Börne und anderer zu verbieten, die sich selbst den Namen „Junges Deutschland" gegeben hatten. Das Ziel war es, „die Verbreitung dieser, die besten Gesinnungen verderbenden ... Literatur" zu verhindern.

„Junges Deutschland"

Insgesamt trat der Deutsche Bund in seiner Repressionspolitik mit dem Anspruch auf, dass seine Maßregeln Vorrang gegenüber abweichenden landesrechtlichen Bestimmungen hätten. In der Unterdrückung der Opposition bewegte sich der Bund auf quasi-bundesstaatliche Verhältnisse zu. Aber gerade durch die koordinierte Bekämpfung der liberalen Nationalbewegung förderte der Bund andererseits „die nationsweite Gegnerschaft der liberalen Bewegung" (R. Zerback), die sich zunächst mental und im weiteren Verlauf – vor allem in den 1840er Jahren – zunehmend auch organisatorisch-institutionell als nationale Partei verstand und etablierte. Heinrich Heine, der seit 1831 im Pariser Exil lebende Exponent des „Jungen Deutschland", brachte dies in seinem satirischen Versepos „Deutschland. Ein Wintermärchen" (1844) auf die Formel: „Die geistige Einheit gibt uns die Zensur".

Heinrich Heine

Die repressive Politik wurde besonders intensiv bis zum Ende der 1830er Jahre betrieben. In einer ganzen Reihe von Prozessen wurden die Wortführer des Press- und Vaterlandsvereins, die Organisatoren des Hambacher Festes, die Teilnehmer am Frankfurter Wachensturm, die Mitglieder der verbotenen Burschenschaften und andere missliebige Oppositionelle abgeurteilt. Die Gerichte sprachen teilweise langjährige Haftstrafen und sogar Todesurteile aus, davon allein 39 in Preußen. Allerdings wurde kein einziges Todesurteil vollstreckt, und auch die Inhaftierten wurden 1840 nach dem Thronwechsel in Preußen amnestiert. In Bayern wurden die letzten Verfahren 1839 eingestellt.

Prozesse gegen Oppositionelle

In vielen Einzelfällen hatte die Unterdrückungspolitik des Bundes und der Einzelstaaten schwerwiegende persönliche Folgen, wie etwa für den Schriftsteller Fritz Reuter, der nach seiner Verhaftung 1833 für sieben Jahre eingekerkert wurde und darüber in seiner Erzählung „Ut mine Festungstid" (1862) berichtete. Andere wie Georg Büchner, der Verfasser des „Hessischen Landboten" und Mitbegründer der geheimen „Gesellschaft für Menschenrechte" (1834), wurden ins Exil getrieben.

Fritz Reuter

Georg Büchner

Auf Dauer konnte die Repression die politische Opposition in Deutschland jedoch nicht ausschalten. Sie wirkte vielmehr kontraproduktiv, indem sie einen nationalen Solidarisierungseffekt auslöste, der schon nach wenigen Jahren zu einem Wiederaufleben der liberalen Nationalbewegung führte und letztlich eine Vorbedingung der nationalen Revolution von 1848 bildete.

Die Solidarität der freiheitlich-nationalen Kräfte gegen die autoritäre Willkür der Monarchen manifestierte sich unübersehbar im Verfassungsstreit, der 1837 im Königreich Hannover ausbrach. Als der neue König Ernst August am 1. November 1837 die liberale Verfassung von 1833 für ungültig erklärte, erhoben dagegen sieben Professoren der Göttinger Universität Protest und erklärten, am Staatsgrundgesetz festhalten zu wollen. Ihre daraufhin verfügte Entlassung löste einen Proteststurm in ganz Deutschland aus. Die „Göttinger Sieben" (Wilhelm Eduard Albrecht, Friedrich Christoph Dahlmann, Georg Gottfried Gervinus, Jacob und Wilhelm Grimm, Heinrich Ewald und Wilhelm Weber) wurden zu nationalen Märtyrern, sie galten als Verteidiger von Recht und Verfassung gegen monarchische Willkür. Eine bundespolitische Dimension gewann der Konflikt dadurch, dass sowohl die hannoversche Ständeversammlung als auch die Stadt Osnabrück bei der Bundesversammlung Beschwerde gegen das verfassungswidrige Handeln des Königs einlegten. Der Bund entschied jedoch am 5. September 1839, es liege keine Veranlassung zu einem Eingreifen vor. Damit legitimierte er die Position des Königs, der 1840 eine neue Verfassung für Hannover durchsetzte, die das monarchische Prinzip bekräftigte. In den Augen der deutschen Öffentlichkeit stellte sich der Deutsche Bund mit seiner Haltung „auf die Seite des Unrechts" (E. R. Huber) und lieferte damit einen weiteren Beweis für seine grundsätzliche Ablehnung der konstitutionellen und freiheitlichen Rechte der Deutschen. Die unnachgiebige Unterdrückungspolitik des Bundes ließ sein Ansehen auf den Nullpunkt sinken. Gleichzeitig bereitete die Repression den Boden für die Revolution, die nur wenige Jahre später den Deutschen Bund gewaltsam beseitigen sollte. Einer der „Göttinger Sieben", der Historiker Friedrich Christoph Dahlmann, hat diesen Zusammenhang bereits 1838 angedeutet: „Kann eine Landesverfassung vor den Augen des Bundes wie ein Spielzeug zerbrochen werden, eine Verfassung, von der es unmöglich ist zu leugnen, dass sie in anerkannter Wirksamkeit bestanden hat, dann ist über Deutschlands nächste Zukunft entschieden, aber auch über die Zukunft die dieser folgen wird."

Göttinger Sieben

Friedrich Christoph Dahlmann

5. Neue Impulse und Reformdruck in den 1840er Jahren

Dem Deutschen Bund war es in den 1830er Jahren gelungen, durch das umfassende System der Unterdrückung die politische Organisierung der deutschen Nationalbewegung empfindlich zu stören, die öffentliche Reformdiskussion zu unterbinden und nahezu jegliche politische Opposition in Deutschland zu kriminalisieren. Die Bundesmaßnahmen führten zu einem Klima der Einschüchterung, und die staatlich organisierte Verfolgung der politischen Opponenten erreichte ein Ausmaß, wie es Deutschland zu keiner anderen Zeit des 19. Jahrhunderts erlebte. Dennoch gelang es nicht, die liberalen und nationalen Kräfte auf Dauer auszuschalten. Sie wirkten teilweise in der Illegalität weiter, teilweise fanden sie im benachbarten europäischen Ausland Unterschlupf, teilweise wichen sie auf andere Formen und Mittel aus, um ihre politischen Prinzipien zu propagieren. Besonders wirksam war in dieser Hinsicht die Strategie der kulturellen Nationalisierung, die in den 1840er Jahren eine breite öffentliche Resonanz fand und die zudem den großen Vorteil hatte, dass sie von der Obrigkeit nur schwer zu kriminalisieren war.

Kulturelle Nationalisierung

Rheinkrise

Ein wichtiger Impuls für den Aufschwung des deutschen Kulturnationalismus ging von der so genannten Rheinkrise aus, die 1840/41 in Deutschland zu einer leidenschaftlichen Aufwallung des Nationalgefühls führte. Ausgelöst wurde die Krise von Frankreich, das in seiner Orientpolitik eine eklatante diplomatische Niederlage erlitten hatte, als sich die vier Großmächte Russland, Österreich, Großbritannien und Preußen in der Frage des Status des Osmanischen Reiches und Ägyptens gemeinsam gegen die französischen Interessen stellten. Dies wurde in Frankreich als nationale Demütigung empfunden, und die Regierung versuchte, getrieben von einer aufgebrachten Öffentlichkeit, das Fiasko ihrer Orientpolitik durch ein aktives Vorgehen in Mitteleuropa zu kompensieren. Konkret wurde die alte Forderung nach der Rheingrenze erhoben, die, so verlangten es die Pariser Regierung und die Presse, durch einen Krieg gegen Deutschland gewonnen werden sollte.

Bedrohung Deutschlands

Der Deutsche Bund musste auf diese offene Bedrohung des Bundesgebietes reagieren, denn die Wahrung der äußeren Sicherheit und die Unverletzlichkeit der deutschen Grenzen waren der oberste Bundeszweck. Der Bundestag in Frankfurt leitete Verhandlungen über militärische Schutzmaßnahmen ein und nahm auch neue Bemühungen zur

Reform der Bundeskriegsverfassung auf. Parallel dazu gab es seit dem Sommer 1840 Militärverhandlungen zwischen Österreich und Preußen. In den Verhandlungen am Bund wie in den bilateralen Kontakten der Großmächte traten jedoch vielfältige Interessengegensätze zutage, die es verhinderten, dass der Deutsche Bund sich als entschlossener Verteidiger der nationalen Integrität profilieren konnte. Zu konkreten Absprachen kam es auf Bundesebene erst, als die Krise schon abflaute.

Versagen des Bundes

Der Bund hatte nicht die nationale Einigkeit und Stärke gezeigt, die die deutsche Öffentlichkeit erwartete. Es verstärkte sich mithin in Deutschland der Eindruck, dass der Deutsche Bund kein verlässlicher Garant der nationalen Interessen war. Die Bedrohung der deutschen Grenzen rief ferner eine hochgradige Emotionalisierung des nationalen Diskurses hervor. Das emphatische Nationalgefühl fand seinen Ausdruck in einer Flut von patriotischen Gedichten und Liedern, die die Einheit der deutschen Nation beschworen und die Entschlossenheit bekundeten, allen Angriffen auf Deutschland entgegenzutreten. Nikolaus Becker schrieb 1840 sein Gedicht „Sie sollen ihn nicht haben, den freien deutschen Rhein", das in zahlreichen Vertonungen als „Rheinlied" Furore machte. Zur gleichen Zeit verfasste Max Schneckenburger sein Gedicht „Die Wacht am Rhein", und August Heinrich Hoffmann von Fallersleben schrieb am 26. August 1841 auf Helgoland „Das Lied der Deutschen", das in der dritten Strophe in dem Aufruf gipfelte: „Einigkeit und Recht und Freiheit / Für das deutsche Vaterland! / Danach lasst uns alle streben / Brüderlich mit Herz und Hand!" Das Lied wurde mit einer 1797 von Joseph Haydn komponierten Melodie vertont und am 5. Oktober 1841 in Hamburg im Rahmen einer Ehrung von Carl Theodor Welcker erstmals öffentlich aufgeführt.

Emotionalisierung

Rheinlieder

In den Folgejahren wurde die politische Lyrik zu einem wirksamen, breite Massen erreichenden Medium zur Mobilisierung nationaler Gefühle. Die kurzen, einprägsamen Texte und Melodien waren, einmal in die Welt gesetzt, mit den Mitteln der Zensur nicht mehr zu bekämpfen, denn sie existierten in den Köpfen der Menschen und konnten jederzeit, im privaten wie im öffentlichen Leben, abgerufen werden. Darauf setzte im Laufe der 1840er Jahre eine ganze Reihe von politischen Schriftstellern, deren Lyrik sich zunehmend radikalisierte. Zahlreiche „Oppositionslyriker" (Th. Nipperdey) wie Ferdinand Freiligrath, Anastasius Grün, Franz Dingelstedt und Robert Prutz übten in ihren Gedichten scharfe Kritik an der bestehenden Ordnung und riefen zu deren Veränderung auf. „Ein Schwert in eurer Hand ist das Gedicht" schrieb 1843 Georg Herwegh in dem Gedicht „Die Partei", das die Dichter dazu aufrief, für des Volkes Zukunft Partei zu nehmen.

Politische Lyrik

Georg Herwegh

Nationalsymbole

Kölner Dom

Zu einem wichtigen Medium des kulturellen Nationalismus wurde nach 1840 die Architektur. Sie bot die Möglichkeit, den öffentlichen Raum mit nationalen Symbolen zu besetzen, welche die deutschen Regierungen und die Bundesversammlung permanent und unübersehbar an das Verlangen nach nationaler Einigung erinnerten. So wurde der Kölner Dom, dessen Bau seit der Reformation unvollendet geblieben war, zu einem Symbol deutscher Einheit. Die vom 1840 gegründeten Dombauverein betriebene Wiederaufnahme der Bauarbeiten wurde 1842 mit einem großen Dombaufest gefeiert, an dem der preußische König Friedrich Wilhelm IV. und der österreichische Erzherzog Johann teilnahmen. Die demonstrativ bekundete Einigkeit der beiden deutschen Vormächte bei diesem nationalen Werk rief in der Öffentlichkeit große Hoffnungen im Hinblick auf eine politische Einigung Deutschlands hervor.

Nationaldenkmäler

Sichtbarer Ausdruck des Nationalisierungsschubs waren ferner die zahlreichen Denkmäler, die seit Ende der 1830er Jahre auf Initiative des national gesinnten Bürgertums errichtet wurden. In ihnen wurden bedeutende Figuren der deutschen Kulturgeschichte als nationale Galionsfiguren präsentiert. Johannes Gutenberg, dem 1837 in Mainz ein großes Denkmal gesetzt wurde, Friedrich Schiller (Stuttgart 1839), Albrecht Dürer (Nürnberg 1840) und Johann Wolfgang von Goethe (Frankfurt 1844) wurden als Helden des deutschen Volkes dargestellt. Die ihnen gewidmeten Monumente wurden als „Nationaldenkmäler" verstanden, die ein kulturelles Nationalerbe visualisierten und dabei gleichzeitig an die noch immer nicht erreichte politische Einheit Deutschlands gemahnten bzw. einen öffentlichen Appell zu deren baldiger Herstellung bildeten.

Germanistentage

Nationales Verbandswesen

Die Politisierung des Kulturellen lässt sich in den 1840er Jahren ferner im Aufbau nationaler Vernetzungen im Bereich der Wissenschaft und des Vereins- und Verbandswesens beobachten. So fanden 1846 in Frankfurt am Main und 1847 in Lübeck die ersten Germanistentage statt, zu denen sich Gelehrte aus allen deutschen Regionen als „geistige Landtage" (H. von Treitschke) der Nation versammelten. Das Assoziationswesen expandierte unaufhaltsam, und viele Berufsgruppen organisierten sich in nationalen Fachverbänden. Die Entstehung gesamtdeutscher Dachverbände war per se schon eine Manifestation des Willens zur Nation, durch die das bundesgesetzliche Verbot politischer Vereine de facto unterlaufen wurde. Hinzu kam, dass in den kulturellen, wissenschaftlichen, wirtschaftlichen und mildtätigen Vereinen, ob sie nun lokal, regional oder national operierten, der nationale Bürgersinn ein wesentliches Element der Vergemeinschaftung bildete. Die nationalpolitische Funktion der Vereine trat ganz offen zutage bei den großen Festen wie etwa dem Allgemeinen Deutschen Sängerfest 1847 in Lübeck oder dem im gleichen Jahr in Frankfurt am Main veranstalteten großen Turnfest. Je emphatischer sich auf gesamtdeutschen Verbandstagen und Vereinsfesten die kulturelle Einheit Deutschlands manifestierte, um so deutlicher wurde damit auch auf die Weigerung der Regierungen und des Deutschen Bundes verwiesen, die politische Einheit zuzulassen.

Gleichzeitig lief in den 1840er Jahren das im vorangegangenen Jahrzehnt organisierte Repressionssystem zunehmend ins Leere. Die Bundesgesetze waren einige Jahre lang wirksame Instrumente zur Maßregelung einer überschaubaren Gruppe von Oppositionellen, zur Kontrolle der Presse und zur Disziplinierung der einzelstaatlichen Parlamente gewesen. Sie reichten aber nicht aus, um den auf politischer, ökonomischer, sozialer und kultureller Ebene nach 1840 immer intensiver geführten nationalen Diskurs zu unterdrücken. Um zu verhindern, dass sich die liberale Nationalbewegung in Deutschland zu einer vernetzten Massenbewegung entwickelte, die ihre Ansprüche über eine Vielzahl von Kanälen verbreitete, wäre ein Maß an repressiver Energie erforderlich gewesen, über das allenfalls die zentralistisch organisierten autoritären bzw. totalitären Regime des 20. Jahrhunderts verfügten, nicht aber der deutsche Staatenbund des 19. Jahrhunderts.

Bei den Regierungen und innerhalb der Bundesversammlung selbst gewann nach 1840 die Erkenntnis an Boden, dass das Streben nach Einheit und Freiheit in Deutschland nicht mit den Mitteln der Unterdrückung zu bändigen war. Zwar blieb der gesamte seit 1819 eingeführte repressive Maßnahmenkatalog des Bundes formal bis 1848 in Kraft, doch wurde er vielerorts nicht mehr so konsequent angewandt wie in den 1820er und 1830er Jahren. Zentrale Komponenten und Institutionen des Systems der Reaktion wurden auf Eis gelegt. So beschloss die Bundesversammlung am 25. August 1842 die Vertagung der 1833 geschaffenen Zentraluntersuchungsbehörde, die bis 1848 nicht mehr tätig wurde. Im gleichen Jahr wurde die Bundesintervention in Frankfurt, die nach dem „Wachensturm" eingeleitet worden war, beendet. Als im Jahr 1844 Carl Theodor Welcker die geheimen „Sechzig Artikel" von 1834 veröffentlichte und daraufhin die zweite badische Kammer die Beschlüsse der Wiener Kabinettskonferenz kurzerhand für verfassungswidrig erklärte, nahm die Bundesversammlung das ohne weitere Reaktion hin.

Die Wirksamkeit des Repressionsapparats erfuhr eine entscheidende Schwächung durch die Abkehr Preußens vom Metternichschen

(Marginalien: Sängerfest, Turnfest, Grenzen der Repression)

Thronwechsel in
Preußen

System der Unterdrückung in Deutschland. Nach dem Thronwechsel von 1840 schlug der neue preußische König Friedrich Wilhelm IV. einen Kurs der Versöhnung und Erneuerung ein. Er rehabilitierte die „Göttinger Sieben" und bekannte sich zur nationalen Entwicklung Deutschlands, wobei er auf romantisch verklärte Vorstellungen von alter germanischer Freiheit und eines christlich-paternalistischen Gemeinwesens zurückgriff. Gewiss entsprachen das Ideal der alten deutschen „Libertät" und der Rekurs auf den mittelalterlichen Reichspatriotismus nicht dem aktuellen Streben nach politischer Freiheit und nationaler Einheit, doch riefen die öffentlichen Bekundungen des Königs – etwa beim Kölner Dombaufest – bei vielen Anhängern der Nationalbewegung Hoffnungen auf eine bessere Entwicklung hervor.

Bundesreform

Praktische Konsequenzen hatte die neue Haltung der preußischen Staatsführung in der Bundespolitik. Hier setzten die Vertreter Preußens nicht mehr einseitig auf die Unterdrückung. Sie sprachen sich vielmehr für eine Reform des Deutschen Bundes im nationalen Sinne aus. Friedrich Wilhelm IV. drängte in Wien darauf, am Bundestag „etwas Positives, Entschiedenes und Entscheidendes [zu unternehmen], was das Nationalgefühl erhebe und beruhige". Mit diesen Worten wandte er sich 1845 gegen den österreichischen Vorschlag, die Bundeszentralbehörde für politische Untersuchungen wiederzubeleben. Die preußische Haltung führte dazu, dass es in der zweiten Hälfte der 1840er Jahre im Deutschen Bund „zu keiner institutionell verankerten und zentral gelenkten Verfolgung mehr kommen" konnte (G. Ensthaler).

Vielmehr erodierte das scheinbar so fest gefügte System der Reaktion zusehends. Zwar versuchte die Bundesversammlung durch Verbote die Verbreitung missliebiger Schriften zu verhindern. Entsprechende Bundesbeschlüsse ergingen 1841 gegen eine Flugschrift des preußischen Liberalen Johann Jacoby, in der die Einlösung des preußischen Verfassungsversprechens verlangt wurde, 1843 gegen die von Arnold Ruge herausgegebenen „Deutschen Jahrbücher für Wissenschaft und Kunst" sowie von 1844 bis 1848 mehrfach gegen politische Verlage im Ausland, vor allem in der Schweiz. Diese Maßnahmen konnten aber nicht verhindern, dass die seit 1819 erlassenen Zensurbestimmungen von vielen Einzelstaaten nicht mehr konsequent durchgesetzt wurden.

Divergenzen im
Deutschen Bund

Zu umfassenderen repressiven Maßnahmen war die Bundesversammlung nicht mehr in der Lage. Symptomatisch dafür waren die erfolglosen Bestrebungen zur Schaffung eines gleichförmigen, restriktiven Presserechts für alle deutschen Staaten. In den Verhandlungen, die darüber seit Ende 1842 zwischen den einzelnen Regierungen und seit 1846 auch auf Bundesebene geführt wurden, traten die Divergenzen zwischen dem konservativen, von Österreich angeführten Lager und den für eine Liberalisierung der Zensur plädierenden Regierungen mit Preußen an der Spitze deutlich zutage. Dies ging soweit, dass sich die Gesandten Preußens und Sachsens am 9. September 1847 in der Bundesversammlung für „eine censurfreie Presse" aussprachen und damit das seit 1819 praktizierte Zensurwesen in Frage stellten.

Das Jahr 1847 markierte in der Bundespolitik nicht allein wegen des in der Bundesversammlung offen ausgetragenen Streits über das Presserecht einen Einschnitt. Parallel dazu erhoben einige Regierungen die Forderung nach einer Bundesreform. Der Spiritus rector dieses Ansatzes, der statt rein obstruktiver Reaktion auf konstruktive Reform setzte, war der außenpolitische Berater des preußischen Königs Joseph Maria von Radowitz. Seine Mitte der 1840er Jahre entwickelten Ideen stießen vor allem bei der badischen Regierung auf Resonanz. Der Schritt von der gedanklichen Konzeption hin zur praktischen Ausführung einer Bundesreform wurde im Herbst 1847 vollzogen, unter dem Eindruck der zunehmenden krisenhaften Entwicklungen sowohl im Innern Deutschlands als auch auf außenpolitischer Ebene (Schweizer Sonderbundskrieg). Wenige Wochen nachdem die südwestdeutschen Demokraten und Liberalen auf Versammlungen in Offenburg (12. September 1847) und Heppenheim (9./10. Oktober 1847) ihre Programme für durchgreifende nationale und liberale Reformen präsentiert hatten, forderte am 27. November der badische Bundestagsgesandte Friedrich von Blittersdorff in einem Schreiben an den Präsidialgesandten Münch-Bellinghausen Österreich dazu auf, „für Deutschland das deutsche Banner zu entfalten" und in der Bundesversammlung eine „das Nationalgefühl der Deutschen" berücksichtigende Politik einzuschlagen. Konkret dachte er dabei an eine nationale Gesetzgebung zur Förderung der Einigung Deutschlands. Ein umfassenderes Reformprojekt legte gleichfalls Ende November Radowitz in einer Denkschrift vor. Vorgeschlagen wurden darin die Abschaffung der Zensur, die Vereinheitlichung des Bundesmilitärwesens, die Einsetzung eines obersten Bundesgerichts, die bundesweite Rechtsvereinheitlichung und die allgemeine Regulierung der „materiellen Interessen" (u. a. durch die Ausdehnung des Zollvereins auf das gesamte Bundesgebiet). Die Durchführung der Reformen sollte Bundeskommissionen unter Beteiligung von Sachverständigen „aus allen Theilen Deutschlands" übertragen werden. Ziel war es, im Rahmen des Deutschen Bundes Institutionen zu schaffen, „in welchen die Nation sich und Anderen als ein Ganzes erscheint und fühlt".

Marginalien:

Joseph Maria von Radowitz

Versammlungen der Liberalen und Demokraten

Friedrich von Blittersdorff

Reformplan Radowitz'

Ende November 1847 und im März 1848 unternahm Radowitz zwei diplomatische Missionen nach Wien, um die österreichische Regierung für den Bundesreformplan zu gewinnen. Am 10. März vereinbarten Preußen und Österreich schließlich die Einberufung einer Ministerkonferenz, die am 25. März 1848 in Dresden zusammentreten und über die Bundesreform beraten sollte. Zu dieser Zeit hatte aber bereits die Revolution begonnen und der Weg zur Rettung des Deutschen Bundes durch eine Reform war versperrt.

6. Die Revolution von 1848/49 – das Ende des „Systems Metternich"

Die liberale und nationale Revolution, die Ende Februar 1848 in Deutschland ausbrach, richtete sich einerseits gegen die staatenbündische Ordnung des Deutschen Bundes, die durch einen nationalen Bundesstaat ersetzt werden sollte. Andererseits strebten die revolutionären Kräfte die Beseitigung des seit Jahrzehnten praktizierten Systems der obrigkeitlichen Unterdrückung und die Verwirklichung einer liberalen, in ihren Grund- und Freiheitsrechten durch eine Verfassung geschützten Staatsbürgergesellschaft an. Die repressive Ordnung des Deutschen

Ende der Repression

Bundes brach schon im März 1848 zusammen, als politische Organisation blieb der Bund allerdings noch bis zum Sommer 1848 bestehen. In dieser Zeit setzte die Bundesversammlung alles daran, sich an die Spitze des Strebens nach nationaler Einigung zu stellen, um auf diese Weise ihren Fortbestand zu sichern. Bereits am 29. Februar 1848 reagierte die Bundesversammlung auf den Umsturz in Frankreich und die davon ausgehenden Wirkungen im Süden und Westen Deutschlands

Reformausschuss

mit der Einsetzung eines Ausschusses, dem aufgetragen wurde, unverzüglich einen Bericht über die Lage Deutschlands und die vom Bund zu ergreifenden Maßnahmen vorzulegen. Schon am nächsten Tag, dem 1. März, erstattete der Ausschussvorsitzende, der preußische Bundestagsgesandte Dönhoff, in der Bundesversammlung einen Vortrag, in dem als erste Maßnahme vorgeschlagen wurde, dem in der deutschen Öffentlichkeit allerorten geäußerten dringenden „Verlangen nach Einigung aller nationalen Kräfte" unverzüglich einen „legalen Anhaltspunct" zu geben: „Dieser Anhaltspunct ist aber nur der Bundestag selbst, und es wird sich mithin nur darum handeln, dieß öffentlich auszusprechen." Noch am gleichen Tag wurde in den Frankfurter Zeitungen eine offizielle Bekanntmachung der Bundesversammlung veröffentlicht, mit der sich diese „als das gesetzliche Organ der nationalen und politischen Einheit Deutschlands" an die deutschen Regierungen und das deutsche Volk wandte.

Darin wurde zur Aufrechterhaltung der gesetzlichen Ruhe und Ordnung aufgerufen, zugleich aber versprochen, der Bund werde mit allen Kräften für die äußere Sicherheit Deutschlands „sowie für die Förderung der nationalen Interessen und des nationalen Lebens im Innern" sorgen. Um das Vertrauen der Öffentlichkeit zu gewinnen, hob der Bundestag am 3. März 1848 die 1819 eingeführte Pressezensur auf, am 9. März erkannte er die Farben schwarz-rot-gold als Bundesfarben an, und am 2. April wurden alle seit 1819 erlassenen Ausnahmegesetze förmlich außer Kraft gesetzt. Das Metternichsche Unterdrückungssystem war damit nur wenige Tage nach dem Sturz des bundesweit verhassten österreichischen Staatskanzlers, der nach dem Wiener Aufstand am 15. März nach England geflohen war, vollkommen beseitigt. Sturz Metternichs

Die Bundesversammlung ging aber noch weiter, indem sie eine Revision der Bundesverfassung „auf wahrhaft zeitgemäßer und nationaler Basis" ins Auge fasste. Zu diesem Zweck beschloss der Bundestag am 10. März 1848 entsprechend der Stimmenverteilung im Engeren Rat der Bundesversammlung die Einberufung von siebzehn „Männern des allgemeinen Vertrauens" mit dem Auftrag, die Revision der Bundesverfassung vorzubereiten. Dem Siebzehnerausschuss gehörten so prominente Liberale wie Friedrich Daniel Bassermann, Friedrich Christoph Dahlmann, Johann Gustav Droysen, Georg Gottfried Gervinus und Sylvester Jordan an. Revision der
Bundesverfassung Siebzehner-
ausschuss

Zur inhaltlichen Ausrichtung der Bundesreform gab es im Laufe des März mehrere Anregungen von Seiten der deutschen Regierungen. Diese gingen grundsätzlich von der Erhaltung des Deutschen Bundes aus, der zwar um nationale Komponenten ergänzt, aber nicht in einen voll ausgebildeten Bundesstaat umgewandelt werden sollte. Die Absicht ging dahin, ein möglichst hohes Maß an monarchischer Souveränität und einzelstaatlicher Eigenständigkeit zu bewahren, und dies schien sich am besten in der Beibehaltung einer föderativen Bundesordnung verwirklichen zu lassen. Als erste stellte am 9. März 1848 die badische Regierung in der Bundesversammlung einen Antrag „zur vollkommenen Ausbildung des Organs des Deutschen Bundes" durch „weitere Einrichtungen, insbesondere eine ständische Vertretung der deutschen Bundesländer bei der Bundesversammlung". Auch die bayerische Regierung instruierte am 16. März 1848 ihren Bundestagsgesandten über die Grundsätze, nach denen bei der bevorstehenden Bun- Badischer Antrag
auf ständische
Vertretung desreform zu verfahren sei. Bayern legte vor allem Wert darauf, dass die einzelstaatlichen Verfassungen „vollkommen aufrecht erhalten" werden sollten.

Diese Pläne, die möglichst wenig an der alten staatenbündischen Verfassung ändern wollten und vor allem die Beibehaltung der bisherigen Stellung der Einzelstaaten anstrebten, wurden ab Mitte März von **Nationaler** der politischen Entwicklung rasch überholt. Die nationale Bewegung **Bundesstaat** war an einer bloßen Reform des Bundes schon längst nicht mehr interessiert, sondern steuerte auf die Bildung einer völlig neuen politischen Ordnung in Form eines nationalen Bundesstaates zu. Nach dem Sieg der Revolution in Berlin sah sich auch der preußische König Friedrich **König Friedrich** Wilhelm IV. genötigt, die staatenbündische Ordnung als Ganzes zur **Wilhelm IV.** Disposition zu stellen. In seinem Patent vom 18. März 1848 verlangte er, „daß Deutschland aus einem Staatenbund in einen Bundesstaat verwandelt werde". Dies sollte durch eine „Reorganisation der Bundesverfassung" erfolgen, die nur „im Verein der Fürsten mit dem Volke" ausgeführt werden könne.

An dieser Zielvorgabe orientierten sich der Siebzehnerausschuss **Revisions-** und der am 29. März zusätzlich eingesetzte Revisionsausschuss, der **ausschuss** aus sieben Mitgliedern der Bundesversammlung selbst bestand. Die beiden Ausschüsse hielten am 30. März 1848 ihre erste gemeinsame Sitzung ab und verständigten sich dabei auf den noch am gleichen Tag von der Bundesversammlung gefassten Beschluss, mit welchem die **Allgemeine** Einzelstaaten aufgefordert wurden, allgemeine Wahlen zur Bildung **Wahlen** einer Nationalvertretung anzuordnen. Diese sollte baldmöglichst am Sitz der Bundesversammlung in Frankfurt zusammentreten, „um zwischen den Regierungen und dem Volke das deutsche Verfassungswerk zu Stande zu bringen". Die Modalitäten, nach denen die Wahlen vorgenommen werden sollten, präzisierte die Bundesversammlung in einem ebenfalls von den „Männern des öffentlichen Vertrauens" vorbereiteten Beschluss vom 7. April 1848. Dieser sah ein möglichst weit gefasstes Wahlrecht ohne Zensusbestimmungen und religiöse Einschränkungen **Nationalver-** vor und schlug den 1. Mai als Termin für die Eröffnung der National- **sammlung** versammlung vor.

Mit diesen Beschlüssen, die nahezu zeitgleich mit den Verhand- **Vorparlament** lungen des von liberalen Abgeordneten gebildeten Vorparlaments erfolgten, das vom 31. März bis 4. April in Frankfurt tagte, dokumentierte die Bundesversammlung ihren Anspruch, die Initiative in der deutschen Verfassungsfrage in der Hand zu behalten. Die Einberufung des Siebzehnerausschusses schien dem Deutschen Bund die Möglichkeit zu geben, „nicht nur an seinen legalrechtlichen Befugnissen festzu-

halten, sondern sich zum eigentlichen Träger der nationaldeutschen
Verfassungsreform aufzuwerfen" (E. R. Huber).

Der Siebzehnerausschuss nahm Anfang April die Beratungen
über die Verfassungsrevision auf. Dabei hielt er sich nicht mit dem politisch aussichtslosen Versuch auf, lediglich eine Reform der bestehenden Bundesverfassung zu versuchen, sondern er entwarf eine völlig
neue Reichsverfassung, welche mit der Wiener Ordnung von 1815
nichts mehr gemeinsam hatte. Der Siebzehnerausschuss konzipierte   Verfassungsplan
einen nationalen Bundesstaat, dessen Verfassung die bestehenden Bun-   des Siebzehner-
desgrundgesetze vollkommen ignorierte und statt dessen eine eigen-   ausschusses
ständige Schöpfung auf der Basis der liberalen Grundsätze darstellte.
In nur drei Wochen stellten die „siebzehn Männer des öffentlichen
Vertrauens" den Entwurf für ein „Deutsches Reichsgrundgesetz" fertig,   Deutsches Reichs-
den sie am 26. April 1848 der Bundesversammlung überreichten. Er   grundgesetz
hatte den ausdrücklichen Zweck, „an die Stelle des bisherigen Deutschen Bundes eine auf Nationaleinheit gebaute Verfassung" zu setzen.
Allerdings fand der Entwurf nicht die Zustimmung der großen Mehrheit der Liberalen und Demokraten, die einen nationalen Bundesstaat auf der Grundlage der Volkssouveränität verlangten. Den Regierungen und Monarchen wiederum ging er zu weit im Hinblick auf
die Beschränkung der einzelstaatlichen Souveränität zugunsten des
Reichs.

Der Siebzehnerentwurf war somit weder dazu geeignet, die Bundesverfassung zu reformieren, noch war er ein Mittel, um den Staatenbund in einen Bundesstaat umzuwandeln, noch erfüllte er die Erwartungen der revolutionären Nationalbewegung im Hinblick auf die neue
Verfassung Deutschlands. Hinzu kam, dass die Absicht, die neue Ordnung durch die Organe des alten Deutschen Bundes herbeizuführen,
mit dem Anspruch des Volkes kollidierte, sich selbst durch gewählte
Vertreter eine neue, Freiheit und Einheit verbürgende Verfassung zu ge-
ben. Als sich am 18. Mai 1848 in der Frankfurter Paulskirche die deut-   Frankfurter Pauls-
sche Nationalversammlung konstituierte, die bereits am 24. Mai einen   kirche
Verfassungsausschuss mit der Ausarbeitung einer nationalen Verfassung beauftragte, wurde klar, dass die von der Bundesversammlung be-
stellten Ausschüsse sich mit ihren Vorschlägen nicht würden durchsetzen können. Auch wenn inzwischen liberale Persönlichkeiten die alten
konservativen Bundestagsgesandten abgelöst hatten, bildete die Bundesversammlung spätestens seit dem Zusammentritt der Nationalversammlung kein Forum mehr, das einen Anspruch auf die Mitwirkung
bei der Begründung der neuen Staats- und Verfassungsordnung erheben
konnte.

Die Verfassungspolitik des Deutschen Bundes im Frühjahr 1848 lief somit ins Leere. Das gleiche gilt für die Bestrebungen der Bundesversammlung, für die Zeit bis zum Abschluss der Verfassungsberatun-

Bundesexekutive gen eine provisorische Bundesexekutivgewalt einzusetzen. Zwar wurde auf Antrag des neuen badischen Bundestagsgesandten Welcker am 3. Mai 1848 die Berufung einer dreiköpfigen, „der Nation wie den Regierungen" verantwortlichen „Vollziehungsbehörde" beschlossen, doch kam es wegen des Protests des vom Vorparlament eingesetzten Fünfzigerausschusses und der Unentschlossenheit der Regierungen nicht zur Ausführung des Beschlusses. Die Schaffung der provisorischen Zentralgewalt blieb damit ebenso der Paulskirche vorbehalten wie die Ausarbeitung und Verabschiedung der neuen Reichsverfassung. Mit diesen Weichenstellungen wurde der Deutsche Bund vollends delegitimiert und überflüssig gemacht. Die logische Konsequenz war seine Abschaffung, die durch das von der Nationalversammlung am 28. Juni 1848 verabschiedete Gesetz über die Einführung einer provisorischen Zentralgewalt für Deutschland erfolgte. Darin hieß es: „Mit dem Eintritte der Wirksamkeit der provisorischen Zentralgewalt hört

Ende der Bundes- das Bestehen des Bundestags auf". Die Bundesversammlung erklärte versammlung am 12. Juli 1848 ihre Tätigkeit für beendet und übertrug ihre bis dahin ausgeübten Befugnisse auf den von der Nationalversammlung eingesetzten so genannten „Reichsverweser", den österreichischen Erzherzog Johann, der die Leitung der Reichszentralgewalt übernommen hatte.

7. Die Rückkehr zum Deutschen Bund 1849–1851

Das Scheitern der nationalen Revolution, das sich im Herbst 1848 mit
Gegenrevolution den Erfolgen der Gegenrevolution in Österreich und Preußen ankündigte und durch die militärische Niederschlagung der Reichsverfassungskampagne im Sommer 1849 besiegelt wurde, ebnete den Weg für eine Rückkehr zum Deutschen Bund. Dabei war ursprünglich weder von Österreich noch von Preußen und erst recht nicht von den deutschen Mittel- und Kleinstaaten eine unveränderte Wiedererrichtung des vormärzlichen Systems geplant. Am Ende führten jedoch die während der Revolutionszeit aufgebrochenen politischen Gegensätze insbesondere zwischen den beiden deutschen Vormächten dazu, dass der
Reaktivierung des kleinste gemeinsame Nenner für eine nachrevolutionäre Ordnung in
Bundes Deutschland in der Reaktivierung des Deutschen Bundes gefunden

wurde, und zwar in der Form, wie sie die Bundesakte von 1815 und die
Wiener Schlussakte von 1820 vorschrieben.

Die Restauration des Deutschen Bundes vollzog sich in mehreren
Etappen. Nach der endgültigen Niederschlagung der Revolution einigten sich Österreich und Preußen am 30. September 1849 auf die Schaffung einer interimistischen Bundeszentralkommission. Deren Aufgabe   Bundeszentral-
sollte zwar „die Erhaltung des Deutschen Bundes als eines völkerrecht-   kommission
lichen Vereines der deutschen Fürsten und freien Städte" sein. Doch
war damit keine definitive Entscheidung für die Wiederherstellung der
alten Bundesverfassung gefallen, denn die Gestaltung der inneren Verhältnisse Deutschlands wurde ausdrücklich der „freien Vereinbarung
der einzelnen Staaten" überlassen.

Österreich ging seit 1849 von der Rechtskontinuität des Deut-   Österreichische
schen Bundes aus und setzte auf die Wiederherstellung eines staaten-   Pläne
bündischen Systems, in dem die Habsburgermonarchie wiederum eine
hegemoniale Führungsposition einnehmen sollte. Diese sollte dadurch
gestärkt und abgesichert werden, dass nun auch die außerdeutschen
Provinzen Österreichs in den Bund eintraten. Gleichzeitig sollte nach
den Plänen des österreichischen Handelsministers Karl Ludwig von
Bruck und des Ministerpräsidenten Felix Fürst zu Schwarzenberg das
erweiterte Bundesgebiet durch eine Zoll- und Handelsunion wirtschaftlich geeint werden.

Preußen verfolgte in den Jahren 1849 und 1850 genau entgegen-   Preußische Ziele
gesetzte Ziele. Die Berliner Regierung lehnte eine Wiederherstellung
des Deutschen Bundes im Rahmen der Bundesgrundgesetze von 1815/
20 ebenso ab wie den Plan Wiens, in Mitteleuropa eine weit über die
Grenzen Deutschlands hinausreichende Föderativordnung zu schaffen,
die geeignet sein würde, Österreichs politische Vormachtstellung zu ze-
mentieren und gleichzeitig die wirtschaftliche Führungsrolle Preußens,
die dieses vor allem dem Zollverein verdankte, zu unterminieren. Dem
großdeutsch-mitteleuropäischen Projekt Österreichs setzte Preußen ein
kleindeutsches Projekt entgegen, das ihm selbst die Vorherrschaft in
Deutschland sichern sollte. Die Weichen dafür wurden bereits im Mai   Unionsprojekt
1849 gestellt, als sich Preußen mit Sachsen und Hannover auf die Bildung eines Bundesstaates einigte. Mit diesem „Deutschen Reich" unter
preußischer Führung sollte Österreich lediglich in einem „weiteren
Bund" in ein lockeres staatenbündisches Verhältnis treten. Österreich
leistete erbitterten Widerstand gegen die so genannte „Union", der im
Laufe des Jahres 1849 immerhin 28 Staaten beitraten. Dem energischen
österreichischen Ministerpräsidenten Fürst Schwarzenberg gelang es   Felix Fürst zu
im Herbst und Winter, nicht nur die süddeutschen Mittelstaaten Bayern   Schwarzenberg

und Württemberg, sondern auch die Gründungsmitglieder der Union, Hannover und Sachsen, auf seine Seite zu ziehen. Im Laufe des Jahres 1850 verschärfte sich zunächst die politische Konfrontation, indem beide Großmächte alles daransetzten, ihre divergierenden Pläne zur Neuordnung Deutschlands zur Geltung zu bringen. Auf die im Januar 1850 in der Union durchgeführten Wahlen zum kleindeutschen „Reichstag", der im März in Erfurt zusammentrat, um die neue „Reichsverfassung" zu verabschieden, reagierte Österreich am 26. April mit der Einladung an alle deutschen Staaten, sich am 10. Mai in Frankfurt zur Bildung eines „neuen provisorischen Bundeszentralorgans und demnächstiger Revision der Bundesverfassung" einzufinden. Dreizehn Staaten, darunter vier bisherige Mitglieder der Union, nahmen an der Frankfurter Konferenz teil, während 22 deutsche Staaten am 12. Juni 1850 bei der Eröffnung des provisorischen Fürstenkollegiums der Union vertreten waren. Die am alten Sitz der Bundesversammlung in Frankfurt versammelten Vertreter der „bundestreuen" Regierungen beschlossen am 7. August, die Bundesversammlung förmlich wieder einzuberufen.

Erfurter Reichstag

Frankfurter Konferenz

Wiedereröffnung des Bundestags

An der Wiedereröffnung des Bundestags am 2. September 1850 nahmen zwölf Staaten teil. Der „Rumpfbundestag" beanspruchte alle Kompetenzen der im Juli 1848 aufgelösten Bundesversammlung. Dies wurde politisch und militärisch in den folgenden Wochen brisant, als sich der „Rumpfbundestag" in den kurhessischen Verfassungsstreit und in den Konflikt um Schleswig-Holstein einschaltete. In beiden Fällen stellte sich der Bund auf die Seite der Obrigkeit, die ihre Herrschaftsansprüche gegen die jeweilige nationale und liberale Opposition durchsetzen wollte. In Kurhessen, das formal noch der Union angehörte, leitete der „Rumpfbundestag" eine Bundesintervention gegen die renitente Kammeropposition ein, und in Holstein wurde auf Antrag des dänischen Königs Friedrich VII., der in seiner Eigenschaft als Herzog von Holstein und Lauenburg dem „Rumpfbundestag" beigetreten war, die Bundesexekution zur Unterdrückung der nationaldeutschen Bewegung vorbereitet. Preußen antwortete auf diese Maßnahmen mit der Mobilmachung seines Heeres, was wiederum Österreich und seine Verbündeten Bayern und Württemberg zum Bregenzer Abkommen vom 12. Oktober 1850 veranlaßte, in dem sie sich verpflichteten, „die Rechte und das Ansehen des Bundes mit allen ihnen zu Gebote stehenden Mitteln zu wahren".

Konfrontation mit Preußen

Kriegsgefahr

Damit rückte ein innerdeutscher Krieg zwischen den Unionsstaaten mit Preußen an der Spitze und den bundestreuen Staaten unter Führung Österreichs in greifbare Nähe. Als bayerische Truppen am 1. November 1850 im Auftrag des Bundes in Kurhessen einrückten und es am 8. November zu einem ersten Schusswechsel mit preußischen Einheiten kam, stand der Kriegsausbruch unmittelbar bevor. Auf starken diplomatischen Druck von Seiten Russlands hin trafen sich die Ministerpräsidenten von Österreich und Preußen, Schwarzenberg und Otto von Manteuffel, am 28. November zu Verhandlungen über eine friedliche Beilegung des Konflikts in der mährischen Stadt Olmütz. Am folgenden Tag schlossen sie die Olmützer Punktation ab, worin sich die Großmächte darauf verständigten, die Konflikte in Kurhessen und Schleswig-Holstein durch „die gemeinsame Entscheidung aller deutschen Regierungen" beizulegen. Mit der Formulierung, es liege im allgemeinen Interesse, dass in beiden Fällen ein „den Grundgesetzen des Bundes entsprechender" Zustand hergestellt werde, gab Preußen seinen Anspruch auf eine eigenständige, vom Deutschen Bund unabhängige Politik in Deutschland auf. Damit war das bundesstaatliche Unionsprojekt endgültig gescheitert und statt dessen der Weg frei für die Rückkehr zur staatenbündischen Ordnung.

Olmützer Punktation

Allerdings herrschte allgemein, auch bei den bundestreuen Staaten, die Auffassung vor, dass der Deutsche Bund umfassend reformiert werden müsse, um den politischen, ökonomischen und militärischen Anforderungen der nachrevolutionären Zeit gerecht zu werden. Zu diesem Zweck vereinbarten Österreich und Preußen in Olmütz die Einberufung einer Ministerialkonferenz in Dresden, auf der alle ehemaligen Mitglieder des Deutschen Bundes über eine „gründliche Revision" beziehungsweise „durchgreifende Reformen" der Bundesverfassung beraten sollten, um den „Zustand innerer Zerrissenheit" in Deutschland zu überwinden und die „gerechten Wünsche der Nation" zu befriedigen, wie es in den Einladungen zur Konferenz hieß.

Dresdener Konferenz

Sechs Monate lang, vom 23. Dezember 1850 bis zum 15. Mai 1851, wurde in Dresden intensiv über die Neugestaltung des Bundes verhandelt. Drei neue Institutionen sollten den Bund einerseits handlungsfähiger machen und ihn andererseits als nationale Kraft profilieren: eine starke Bundesexekutivbehörde, ein oberstes Bundesgericht und eine aus Abgeordneten der Einzelstaaten gebildete Volksvertretung. Hinzu kam eine Vielzahl von Vorschlägen für einheitliche Bundesgesetze, die auf die Harmonisierung der Wirtschafts- und Rechtsverhältnisse in Deutschland abzielten. Die Umsetzung dieses Reformprogramms hätte dem Deutschen Bund eine ganz neue Qualität verliehen und ihm die notwendigen Instrumente zur Verfügung gestellt, um eine wirklich föderative und zugleich integrative nationale Bundespolitik einzuleiten.

Neugestaltung des Bundes

Scheitern der
Bundesreform

Die vielfältigen Interessengegensätze zwischen den deutschen Groß-, Mittel- und Kleinstaaten verhinderten indessen eine derartige Fortentwicklung der Bundesverfassung. Über keinen der Reformvorschläge kam eine grundsätzliche Einigung zustande, und die Dresdener Konferenz wurde mit dem Beschluss beendet, die von den diversen Konferenzausschüssen erarbeiteten Vorlagen zur weiteren Beratung an die Bundesversammlung in Frankfurt zu übermitteln. In diese Bundesversammlung waren seit Ende März, als sich das Scheitern der Dresdener Verhandlungen andeutete, fast alle bisher abseits stehenden Staaten wieder eingetreten – Preußen unmittelbar vor dem Ende der Dresdener Konferenz am 14. Mai 1851. Damit wurde in Deutschland wieder jene politische Ordnung restauriert, die bis 1848 bestanden hatte.

8. Bundespolitik in den 1850er und 1860er Jahren – zwischen Reaktion und Reform

Reaktion

Die von vielen erhoffte Neuausrichtung der Bundespolitik war fehlgeschlagen, und damit endeten fürs erste auch die Bundesreformbemühungen. Statt dessen schlug der Deutsche Bund im Sommer 1851 einen reaktionären Kurs ein. Schon im Juli und August 1851 setzten die beiden Großmächte Österreich und Preußen, die unmittelbar vor dem Ende der Dresdener Konferenz ein geheimes Schutz- und Trutzbündnis abgeschlossen hatten, in der Bundesversammlung eine Reihe von reaktionären Maßnahmen durch. Öffentlich bekundeten die Großmächte, es gehe nun vor allem um die Wiederherstellung von „Ruhe und Ordnung" in Deutschland, intern hieß es ganz unverblümt, es gelte, die „Partei des Umsturzes" zu vernichten und einen „Vertilgungskrieg" gegen die republikanische Presse zu führen.

Reaktions-
ausschuss

Zwar wurden die vormärzlichen Unterdrückungsgesetze nicht wieder in Kraft gesetzt, doch wurden mehrere neue Beschlüsse zur Bekämpfung liberaler und nationaler Bestrebungen gefasst. Am 23. August 1851 erklärte die Bundesversammlung die von der Paulskirche erlassenen „Grundrechte des deutschen Volkes" für aufgehoben. Am gleichen Tag erging ein Bundesbeschluss „zur Wahrung der öffentlichen Sicherheit und Ordnung", der die Einzelstaaten aufforderte, etwa noch bestehende liberale Einrichtungen und Verfassungsbestimmungen zu beseitigen. Mit der Durchführung des Beschlusses wurde ein besonderer Bundesausschuss beauftragt. Dieser „Reaktionsausschuss" trat am 3. Oktober 1851 zusammen und intervenierte bis 1857 in mehreren

Fällen, um einzelstaatliche Verfassungsänderungen durchzusetzen. Im Fall von Bremen beantragte der Reaktionsausschuss sogar die Entsendung eines Bundeskommissars, der von 1852 bis 1854 den Senat der Hansestadt bei der Revision der Verfassung von 1849 unterstützte.

Neben den politischen Maßnahmen, die darauf abzielten, die unerwünschten Folgen der Revolution zu bekämpfen, wurden im Sommer 1851 militärische und polizeiliche Maßnahmen eingeleitet. Am 30. September 1851 beschloss die Bundesversammlung, ein Armeekorps von 12000 Mann „zum Schutze der Bundesversammlung" in der Nähe von Frankfurt zu stationieren. Im Herbst 1851 kam es in der Bundesversammlung zu Verhandlungen über die Errichtung einer zentralen Bundespolizeibehörde. Der Vorschlag dazu war von der preußischen Regierung gekommen, die in der Schaffung einer „deutschen Zentral-Polizei" ein effektives Mittel zur bundesweit einheitlichen Bekämpfung der politischen Opposition erblickte. Die Bundespolizeibehörde sollte nach dem Plan, den Österreich und Preußen in die Bundesversammlung einbrachten, befugt sein, staatenübergreifende Ermittlungen durchzuführen, Polizeiaktionen zu koordinieren und in dringenden Fällen sogar durch eigene Kommissare „an Ort und Stelle [...] selbstständig einzuschreiten". Gegen diesen Eingriff in ihre einzelstaatliche Souveränität setzten sich jedoch die mittelstaatlichen Regierungen, allen voran Bayern, energisch zur Wehr. Der Antrag zur Schaffung einer Bundespolizei fand in der Bundesversammlung keine Mehrheit. Hier stieß die Reaktionspolitik an ihre Grenzen, weil die einzelstaatlichen Regierungen nicht bereit waren, ihre Polizeigewalt dem Bund unterzuordnen.

Bundespolizei-behörde

Auch bei den Bemühungen zur Unterdrückung der freien Presse und der Einschränkung des Vereins- und Versammlungsrechts gelang es der Bundesversammlung nicht, das rigide Zensursystem des Vormärz wieder einzuführen. Die schon auf der Dresdener Konferenz vorgeschlagene Kontrolle der Presse führte zwar im Herbst 1851 zur Einsetzung eines Ausschusses zur Erarbeitung eines allgemeinen Bundespressegesetzes. Die preußische Regierung wollte sich darauf aber nicht einlassen, denn sie lehnte „ein grundsätzliches Eingreifen" der Bundesversammlung „in jede, also auch die preußische Preßgesetzgebung" strikt ab. Der Bund sollte nur „gewisse allgemeine Normen" beschließen, welche den einzelstaatlichen Pressegesetzen als Richtschnur dienen sollten. Mit dieser Auffassung konnte sich Preußen in den langwierigen Verhandlungen letztendlich durchsetzen. Am 6. Juli 1854 beschloss die Bundesversammlung „Allgemeine Bestimmungen zur Verhinderung des Mißbrauchs der Presse".

Bundespresse-gesetz

Bundespresse-beschluss 1854

In 26 Paragraphen erlegte dieser Beschluss der Presse eine Vielzahl von Einschränkungen auf, die durchaus geeignet waren, die Freiheit und Unabhängigkeit der Presse erheblich zu beeinträchtigen. Allerdings griff der Deutsche Bund dabei nicht, wie in den Karlsbader Beschlüssen von 1819, auf das Mittel einer direkten Vorzensur zurück. Vielmehr bedrohte er alle, die an der Produktion, dem Vertrieb, ja nur an der Ausleihe von Zeitungen, Zeitschriften, Büchern, Flugschriften und bildlichen Darstellungen beteiligt waren, also die Verleger, Journalisten, Redakteure, Drucker und Buchhändler, mit dem Verlust ihrer beruflichen und ökonomischen Existenzgrundlage. Der strafbare „Mißbrauch der Pressefreiheit" wurde so weit ausgedehnt, dass alles kriminalisiert werden konnte, was der Obrigkeit nicht gefiel: Neben dem Aufruf zum Hoch- oder Landesverrat oder zur Missachtung von Gesetzen waren künftig auch „Angriffe auf die Religion", die „Grundlagen des Staates" und die im Dienste des Staates stehenden Personen strafbar. Der Katalog der Strafmaßnahmen reichte vom Entzug der Gewerbekonzession für Verlage und Buchhändler, der Einbehaltung der Zwangskaution, die auf alle periodischen Druckschriften erhoben wurde und bis zu 5000 Taler betragen konnte, über die Beschlagnahme und Vernichtung von Presseerzeugnissen und der zu ihrer Herstellung erforderlichen technischen Anlagen bis hin zum Verbot von Druckschriften und zur Verurteilung ihrer Urheber zu Geld- und Gefängnisstrafen.

Vereins- und Versammlungsrecht Fast zeitgleich mit dem Beschluss über die Presse erließ die Bundesversammlung eine Reihe von Maßnahmen zur Einschränkung des Vereins- und Versammlungsrechts. Auch dieser Beschluss, der am 13. Juli 1854 gefasst wurde, war das Ergebnis langer und kontroverser Verhandlungen. Wiederum hatte die preußische Regierung sich geweigert, einem unmittelbaren Bundesgesetz zuzustimmen, weil ein solches als Ausdruck einer allgemeinen, gesamtdeutschen Legislativgewalt des Bundes hätte verstanden werden können. Statt dessen beharrte Preußen auf „möglichst wenige(n) und einfache(n) Grundsätze(n), deren nähere Ausführung und Anwendung der Landesgesetzgebung überlassen" bleiben sollte. Wie beim Pressebeschluss kam es am Ende nur deshalb zu einer Einigung, weil der Bund auf jegliche direkte Einwirkung in die einzelstaatliche Politik und Verwaltung verzichtete.

Gleichwohl waren die materiellen Bestimmungen des Beschlusses über das Vereins- und Versammlungswesen gravierend. Im gesamten Bundesgebiet sollten nur noch Vereine geduldet werden, deren „Zwecke mit der Bundes- und Landesgesetzgebung im Einklange stehen und die öffentliche Ordnung und Sicherheit nicht gefährden". Poli-

tische Vereine bedurften grundsätzlich einer Genehmigung durch die
staatlichen Behörden, und es wurde ihnen jede Verbindung mit anderen
Vereinen verboten, um zu verhindern, dass sich nationale Vereine mit
regionalen Untergliederungen bildeten. Im Hinblick auf das Versammlungswesen wurde den Landesregierungen nicht nur das Recht gegeben, alle Vereinsversammlungen, die sich mit öffentlichen Angelegenheiten beschäftigten, überwachen zu lassen, sondern die Behörden sollten auch befugt sein, jede Versammlung unverzüglich aufzulösen,
wenn sie der Auffassung waren, dass die öffentliche Sicherheit und
Ordnung bedroht sei. Schließlich verpflichteten sich sämtliche Bundesmitglieder, die in ihrem jeweiligen Territorium noch bestehenden Ar-
beitervereine binnen zwei Monaten aufzuheben.

Die von 1851 bis 1854 gefassten Beschlüsse waren zweifellos
einschneidende Maßnahmen, die gegen eine freie bürgerliche Gesellschaft und eine liberale politische Ordnung gerichtet waren. Sie krimi-
nalisierten die Ausübung politischer Opposition gegen die einzelnen
Landesregierungen wie gegen den Deutschen Bund und gaben den
staatlichen Behörden vielfältige Mittel zur willkürlichen Unterdrückung an die Hand.

Die Repression erreichte dennoch bei weitem nicht das Ausmaß
der Verfolgungen der 1820er und 1830er Jahre. Gemessen an ihrem **Fehlschlag der**
eigenen Anspruch, erwies sich die reaktionäre Politik des Deutschen **Reaktion**
Bundes nach 1851 als ein Fehlschlag. So wurden die Bundesbeschlüsse
von 1854 längst nicht in allen Staaten umgesetzt. Bis 1858 war der
Pressebeschluss nur in 23 Staaten vollzogen worden, die drei wichtigsten Bundesmitglieder Österreich, Preußen und Bayern setzten den Beschluss niemals förmlich in Kraft. Das Vereins- und Versammlungsrecht wurde gar nur in einer Minderheit der Einzelstaaten nach den Vorgaben des Deutschen Bundes geregelt. Dies wurde vielerorts durch
Landesgesetze kompensiert, die schärfer gefasst waren als die Bundes-
bestimmungen. Teilweise blieb aber auch die Vereinsfreiheit in offe-
nem Widerspruch zu den Beschlüssen des Bundes gesetzlich oder gar,
wie in Sachsen-Coburg und Gotha, verfassungsrechtlich garantiert.
Ganz offenkundig wurde das Scheitern der Bundesreaktionspolitik im
Jahr 1859, als mit der Gründung des Deutschen Nationalvereins eine **Nationalverein**
politische Organisation ins Leben trat, die nach den Maßgaben des
Bundes sofort in allen deutschen Staaten hätte verboten werden müssen. Dazu waren aber einige Regierungen trotz heftiger Kritik von Seiten ihrer Bundesgenossen nicht bereit. In den nachfolgenden Jahren
brach die Reaktionspolitik des Deutschen Bundes vollends zusammen,
als einige Regierungen die Aufhebung der Beschlüsse von 1854 ver-

langten. Obwohl die Bundesversammlung dies verweigerte, setzten einige Staaten wie Baden, Württemberg und Sachsen die Bundesbeschlüsse einseitig außer Kraft.

Eine wesentliche Ursache für die halbherzige, nicht konsequent durchgeführte Reaktionspolitik des Bundes lag darin begründet, dass viele Regierungen selbst nicht davon überzeugt waren, eine Bundespolitik des reaktionären Stillstands auf Dauer durchhalten zu können. Vor allem in den Mittelstaaten Sachsen, Hessen-Darmstadt und Baden sowie bei einigen Kleinstaaten wie Sachsen-Weimar und Sachsen-Coburg und Gotha gewann in den 1850er Jahren bei den Regierenden die Auffassung an Boden, dass der Bestand des Deutschen Bundes auf Dauer nur gesichert werden könne, wenn seine Verfassung durch umfassende Reformen an die politischen, gesellschaftlichen und wirtschaftlichen Gegebenheiten angepasst würde. Hieraus entstand eine Reformdiskussion, die im Laufe der fünfziger und sechziger Jahre immer breiter und intensiver wurde. Anfangs wurde diese Debatte nahezu ausschließlich auf gouvernementaler beziehungsweise diplomatischer Ebene geführt. Nach dem weitgehend ergebnislosen Ende der Dresdener Konferenz stand seit dem Sommer 1851 bis zum Sommer 1854 die Reaktionspolitik im Vordergrund, während die Reformdiskussion nur noch von wenigen mittel- und kleinstaatlichen Politikern fortgeführt wurde. Dies änderte sich, als 1854 der Krimkrieg den Frieden in ganz Europa bedrohte und der Deutsche Bund von einzelnen Regierungen, bald aber auch von der Presse und der liberalen Opposition in den Landtagen aufgerufen wurde, die „nationalen Interessen" Deutschlands in diesem Konflikt zu wahren. Wie sich rasch zeigte, war eine innere Bundesreform erforderlich, um außenpolitisch handlungsfähig zu sein. Die so genannte „orientalische Krise" löste eine Flut von Vorschlägen zur Neugestaltung Deutschlands aus. Auf der Bamberger Konferenz vom 25.–30. Mai 1854 berieten die deutschen Mittelstaaten nicht nur über ihre Haltung zum Krimkrieg, sondern auch über eine Förderung der „gemeinsamen Angelegenheiten" Deutschlands durch eine „Belebung der Bundestätigkeit". Im folgenden Jahr schaltete sich die Öffentlichkeit in die Bundesreformdiskussion ein. Seit dem Sommer 1855 verlangten liberale Abgeordnete in mehreren deutschen Landtagen, eine Volksvertretung beim Deutschen Bund zu bilden. Von Regierungsseite drängte nun der sächsische Ministerpräsident Beust auf eine große Bundesreform, um „die Zukunft des föderativen Systems in Deutschland" sicherzustellen. Beust verfasste dazu 1856/57 mehrere umfangreiche Denkschriften und versuchte, die Mittelstaaten für eine gemeinsame Reformpolitik zu mobilisieren. Gegen eine engere Kooperation

[Marginalien:]

Reformdiskussion

Krimkrieg

Bamberger
Konferenz 1854

Beusts
Reformpläne

der „reindeutschen" Staaten wandten sich aber die Großmächte Österreich und Preußen, die zudem in der Bundesreformfrage völlig unvereinbare Ansichten hatten. Die durch den Krimkrieg ausgelöste Reformdiskussion führte somit letztlich zu einer harten diplomatischen Konfrontation der beiden Führungsmächte, so dass die Bemühungen zur Umgestaltung des Bundes abermals in einer Sackgasse endeten.

Immerhin gelang es, der Rechtsvereinheitlichung im Rahmen des Deutschen Bundes neue Impulse zu geben. Aufgrund eines bayerischen Antrags vom 10. November 1855 beschloss die Bundesversammlung am 21. Januar 1856, Bundeskommissionen einzusetzen, um gleichförmige Gesetze und Bestimmungen über das Heimatrecht, die Auswanderung, das Handelsrecht und die Münz- und Maßsysteme herbeizuführen. Weitere Kodifikationsprojekte für ein einheitliches Urheberrecht, einen gleichförmigen Patentschutz, eine allgemeine deutsche Zivilprozessordnung und andere Materien wurden in den folgenden Jahren auf den Weg gebracht. `Rechtsvereinheitlichung`

Die meisten dieser Vorschläge konnten letztlich nicht verwirklicht werden, was nicht an sachlichen Hindernissen lag, sondern vor allem am politisch motivierten Widerstand Preußens, das sich, angetrieben von seinem Bundestagsgesandten Otto von Bismarck (1851–1859), beharrlich weigerte, dem Deutschen Bund integrationspolitische Erfolge zuzugestehen. Dass es jedoch durchaus möglich war, bundeseinheitliche Gesetzeskodifikationen zustande zu bringen, demonstrierte das 911 Artikel umfassende „Allgemeine Deutsche Handelsgesetzbuch", das nach vierjährigen Kommissionsverhandlungen am 31. Mai 1861 von der Bundesversammlung angenommen und in den folgenden Jahren in fast allen deutschen Staaten in Kraft gesetzt wurde. Einige andere der von Kommissionen des Bundes formulierten Entwürfe wie insbesondere das Urheberrecht (1864), die Maß- und Gewichtsordnung (1865) und die Zivilprozessordnung (1866) wurden wenige Jahre später im Norddeutschen Bund beziehungsweise im preußisch-deutschen Kaiserreich nahezu unverändert in die kleindeutsch-nationale Gesetzgebung übernommen. Der Deutsche Bund legte somit wichtige Grundlagen für die innere Nationsbildung in Deutschland, indem er etliche Bausteine der nationalen Rechtseinheit lieferte. `Widerstand Preußens` `Handelsgesetzbuch`

Dagegen gelang es nicht, das Kernproblem der deutschen Frage, die politische Organisation Deutschlands, im Rahmen des Bundesrechts zu lösen. Nachdem die Auseinandersetzungen darüber zu Jahresbeginn 1858 wegen der offenkundig unlösbaren Gegensätze eingestellt worden waren, war es abermals eine außenpolitische Krise, die der Reformdebatte einen neuen Schub verlieh. Der Krieg zwischen Österreich

Italienischer Krieg und dem Königreich Piemont-Sardinien in Oberitalien im Frühjahr 1859 warf erneut die Frage auf, wie der Deutsche Bund die nationalen Interessen im europäischen Mächtesystem vertreten könne und welche inneren Reformen erforderlich seien, um ihn dazu in die Lage zu setzen. Es entwickelte sich seit 1859 abermals eine intensive Reformdiskussion, an der alle politischen Akteure – Regierungen, Parlamente, Presse, Vereine – teilnahmen. Nach langen diplomatischen Sondierungen mündete die Reformdebatte, die nun auch wegen des permanenten öffentlichen Drucks – vor allem durch den Nationalverein – nicht mehr erlahmte, in einen groß angelegten Versuch, die Verfassung und Organisation des Deutschen Bundes umfassend zu reformieren. Der Staatenbund sollte auf eine Weise modernisiert werden, die ihn als politische Ordnung mit dem immer stärkeren Streben nach nationaler Einigung und der Beteiligung des Volkes an den nationalen Angelegenheiten vereinbar machen würde, ohne andererseits die Eigenständigkeit der Einzelstaaten und die Souveränität der Monarchen aufzugeben.

Frankfurter Fürstentag Dieser an die Quadratur des Kreises grenzende Versuch wurde auf dem Frankfurter Fürstentag von 1863 unternommen. An diesem Reformkongress, zu dem Kaiser Franz Josef I. von Österreich die Monarchen und Regierungen der im Bund vereinigten Staaten persönlich einlud, nahmen bis auf Preußen alle deutschen Staaten teil. Der Kaiser eröffnete am 16. August 1863 feierlich den Fürstentag und legte den „Entwurf einer Reformakte des Deutschen Bundes" vor. Nach zweiwöchigen Verhandlungen wurde dieser Entwurf am 1. September 1863 in nur leicht veränderter Form als „Reformakte des Deutschen Bundes"

Reformakte des Deutschen Bundes verabschiedet. Die Reformakte sollte als neues Bundesgrundgesetz neben die Bundesakte von 1815 und die Wiener Schlussakte von 1820 treten. Sie enthielt jene drei Institutionen, die seit 1850/51 zu den Kernelementen einer Bundesverfassungsreform gerechnet wurden: eine neue Bundesexekutive mit erweiterten Kompetenzen, eine Volksvertretung in Form einer von den einzelstaatlichen Parlamenten beschickten Delegiertenversammlung und ein Bundesgericht.

Die Umsetzung dieses Reformprogramms, durch die der Deutsche Bund ganz erheblich verändert worden wäre, hing davon ab, ob es gelang, die preußische Regierung zur Zustimmung zu bewegen. Preu-

Ablehnende Haltung Preußens ßen war aber weit davon entfernt, einer Reform zuzustimmen, die den Deutschen Bund und seine Institutionen stärkte, weil es darin eine Schmälerung seiner eigenen Stellung zugunsten der Habsburgermonarchie erblickte. Bei der bloßen Obstruktion konnte es jedoch die Berliner Regierung angesichts des öffentlichen Verlangens nach nationalen Fortschritten nicht belassen. In der von Bismarck konzipierten Stel-

lungnahme Preußens zur Bundesreformakte, die König Wilhelm I. am
22. September 1863 an Kaiser Franz Josef I. übermittelte, wurde die
Ablehnung der Bundesreformakte geschickt damit begründet, dass sie
nicht in vollem Maße „die Gesammt-Interessen der deutschen Nation"
berücksichtige. Eine Vorbedingung jeder Bundesreform, so legte es
Preußen dar, sei die Einrichtung einer direkt gewählten Volksvertretung. Preußen machte sich damit die zentrale Forderung der liberalen   Deutsches
Nationalbewegung zu eigen und sprach jeder Reform, die auf ein allge-   Nationalparlament
meines Parlament verzichtete, die nationale Dimension ab.

Diese preußische Strategie war angesichts des antiparlamentari-
schen Kurses Bismarcks im preußischen Verfassungskonflikt zunächst
noch wenig glaubwürdig. Sie war aber geeignet, den Deutschen Bund
in die Defensive zu bringen und in der Öffentlichkeit jede Bundesreformpolitik zu diskreditieren, die nicht voll auf die nationalen Forderungen einging. Und in der Tat stellte der Deutsche Nationalverein in
einer Resolution vom 15. Oktober 1863 fest, dass die Bundesreformakte „in keiner Weise den Ansprüchen der Nation auf Einheit und Freiheit" genüge. Sie gefährde vielmehr die freiheitliche und konstitutionelle Entwicklung und müsse von daher von der „Nationalpartei" mit
aller Entschiedenheit bekämpft werden.

Die österreichische Regierung unternahm zur gleichen Zeit noch
einen letzten Versuch, die Bundesreformakte zu retten, indem sie die
deutschen Staaten dazu drängte, die Reformakte auch ohne preußische
Zustimmung und Beteiligung umzusetzen. Darauf wollten aber nicht
einmal ihre engsten Verbündeten, die süddeutschen Mittelstaaten, ein-
gehen, denn sie befürchteten zu Recht in einem solchen Fall den Bruch
des Bundes und eventuell sogar einen Krieg um die politische Vorherrschaft in Deutschland. Die Nürnberger Konferenz vom 23./24. Oktober   Nürnberger
1863, an der sich nur eine Minderheit der von Österreich eingeladenen   Konferenz
Staaten beteiligte, endete damit, dass auf eine praktische Durchsetzung
der Bundesreformakte verzichtet wurde. Die Geschichte der Bundesre-
formversuche war damit definitiv an ihr Ende gelangt, die politische
Weiterentwicklung Deutschlands im Rahmen des Deutschen Bundes
war gescheitert.

9. Die Auflösung des Deutschen Bundes 1863–1866

Seit dem Herbst 1863 war der Deutsche Bund innenpolitisch weitge-   Paralyse des
hend paralysiert. Zwar wurde in den diversen Bundeskommissionen   Bundes

weiter über die Vereinheitlichung des Rechtswesens verhandelt, doch was den Kern der deutschen Frage betraf, die künftige politische Ordnung Deutschlands, herrschte bundespolitisch völliger Stillstand. Alle Versuche, hier auf dem Weg der Reform und auf der Grundlage des geltenden Bundesrechts voranzukommen, mussten seit der gescheiterten Bundesreformakte aussichtslos erscheinen. Der Frankfurter Fürstentag hatte nicht zu einer substanziellen Bundesreform geführt, die den Weg für eine Annäherung des Deutschen Bundes an die deutsche Nationalbewegung geebnet hätte. Der Fehlschlag von Frankfurt vergrößerte vielmehr die Kluft zwischen dem Bund und der Nation, ein Prozess, der nun auch von der preußischen Regierung offen unterstützt wurde.

Mit dem Ende der Bundesreformpolitik stellte sich die Frage nach der weiteren Entwicklung in Deutschland drängender denn je. Dies um so mehr, als seit dem Herbst 1863 zum wiederholten Mal ein Problem in das Zentrum der deutschen und europäischen Politik trat, dessen nationale Implikationen schon mehrfach zu Verwerfungen innerhalb Deutschlands geführt hatten. Es war dies die so genannte Schleswig-Holstein-Frage, die sich dadurch erneut zugespitzt hatte, dass die dänische Regierung, die im Deutschen Bund vertreten war, Schritte einleitete, die im Widerspruch zu den geltenden völkerrechtlichen Verträgen darauf abzielten, Schleswig von Holstein zu trennen und es in den dänischen Gesamtstaat einzugliedern. Dies rief einerseits die deutsche Nationalbewegung auf den Plan, die darin einen Angriff auf die nationalen Interessen Deutschlands erblickte und verlangte, Schleswig und Holstein von Dänemark abzutrennen und die beiden Herzogtümer in einem neuen deutschen Staat unter der Regierung eines liberalen Fürsten aus dem Haus Augustenburg aufgehen zu lassen. Auch die Bundesversammlung in Frankfurt wehrte sich gegen die dänischen Pläne, weil sie gegen das Bundesrecht verstießen. Und schließlich legten die beiden deutschen Großmächte scharfen Protest gegen die Politik Dänemarks ein, welche die internationalen Abmachungen missachtete, wie sie 1852 in den Londoner Protokollen getroffen worden waren.

Zunächst schien die Bundesversammlung mit einer energischen Politik das Heft in die Hand zu nehmen. Sie beschloss am 1. Oktober 1863 eine Bundesexekution gegen Dänemark in Holstein und beauftragte mit der Durchführung Österreich, Preußen, Sachsen und Hannover. Der Vollzug der Exekution wurde am 7. Dezember 1863 angeordnet, und am 23. Dezember 1863 rückten sächsische und hannoveranische Truppen in Holstein und Lauenburg ein. Zwei Bundeskommissare übernahmen im Auftrag des Deutschen Bundes die Verwaltung der Herzogtümer und setzten eine neue Landesregierung ein.

Schleswig-Holstein-Frage

Deutsche Nationalbewegung

Bundesexekution gegen Dänemark

Die deutschen Großmächte Österreich und Preußen wollten je- Deutsche Groß-
doch dem Bund nicht die Leitung in der Schleswig-Holstein-Politik mächte kontra
überlassen. Nachdem sie in der Bundesversammlung mehrfach über- Deutscher Bund
stimmt worden waren, beriefen sich die Großmächte auf die Londoner
Protokolle und ließen am 14. Januar 1864 in Frankfurt erklären, sie
würden künftig ohne Rücksicht auf die Bundesbeschlüsse ihre Politik
in den Elbherzogtümern und gegenüber Dänemark verfolgen. In der
Folge wurde der Deutsche Bund, der gehofft hatte, durch die Vertretung
der nationalen Interessen in Schleswig-Holstein sein Ansehen zu ver-
bessern, völlig an den Rand gedrängt. Daran konnte auch die Tatsache
nichts ändern, dass die Bundesversammlung in der ersten Jahreshälfte
1864 die Politik von Österreich und Preußen wiederholt als rechts-
widrig und unzulässig kritisierte. Vielmehr besetzten Österreich und
Preußen Anfang Februar 1864 Schleswig und Holstein, ohne zuvor die
Zustimmung der Bundesversammlung einzuholen. Damit begann die
militärische Auseinandersetzung zwischen Österreich, Preußen und
Dänemark, die nicht mehr als Bundesexekution, sondern als Krieg zwi- Krieg gegen
schen drei souveränen Staaten ausgetragen wurde. Während der Kon- Dänemark
flikt noch im Gange war, versuchte der Deutsche Bund durch die Entsendung eines eigenen Bevollmächtigten zur Londoner Konferenz vom
25. April bis zum 25. Juni 1864 nach innen wie nach außen seine Rolle
als Sachwalter der nationalen Interessen zu dokumentieren. Doch der
Bundesbevollmächtigte, der sächsische Außenminister Beust, konnte
in London das Ziel des Bundes, nämlich die Loslösung der Elbherzog-
tümer von Dänemark und ihre Konstituierung als neuer, souveräner
deutscher Mittelstaat, nicht erreichen. Als Beust nach seiner Rückkehr
versuchte, eine Verbindung zwischen der Lösung des Schleswig-Hol-
stein-Konflikts und der Bundesreform herzustellen, indem er in seinem
Bericht über die Londoner Konferenz von der Notwendigkeit einer par-
lamentarischen Vertretung am Bund sprach, erntete er nicht nur von
den Regierungen Österreichs und Preußens scharfe Kritik, sondern
auch von mittelstaatlichen Kollegen, die in der offenbar aussichtslosen
Bundesreformfrage endlich Ruhe haben wollten.

Der national aufgeladene Konflikt um Schleswig-Holstein ließ
sich somit nicht, wie einige Regierungen es erhofften, für eine populäre
Bundespolitik benutzen und gab auch keinen Impuls zur Wiederaufnahme der Reformdebatte. Statt zu einer Konsolidierung des Deutschen
Bundes führte das Schleswig-Holstein-Problem zur weiteren Schwä- Schwächung des
chung des Staatenbundes und letztlich sogar zu seinem gewaltsamen Bundes
Auseinanderbrechen. Denn nachdem Österreich und Preußen Dänemark besiegt und im Wiener Frieden vom 30. Oktober 1864 die Abtre-

tung der Herzogtümer Schleswig und Holstein erzwungen hatten, führte der sich bald entzündende Streit zwischen Wien und Berlin über den künftigen Status der beiden Territorien in die offene Konfrontation. Die Differenzen konnten 1865 durch die Gasteiner Konvention vom 14. August, mit der Schleswig unter preußische und Holstein unter österreichische Verwaltung gestellt wurde, noch einmal notdürftig überbrückt werden.

Seit Februar 1866 benutzte dann aber Bismarck die Schleswig-Holstein-Frage als Mittel, um den endgültigen Bruch mit Österreich und dem Deutschen Bund herbeizuführen. Während Preußen einerseits Vorbereitungen zur militärischen Entscheidung der deutschen Frage traf, setzte es andererseits den Deutschen Bund und Österreich mit der Forderung nach einer den „realen Verhältnissen Rechnung tragende(n) Reform des Bundes" unter Druck. Am 9. April 1866 stellte der preußische Bundestagsgesandte in Frankfurt den Antrag auf eine „Neugestaltung der Bundesverfassung". Um eine „neue lebensfähige Schöpfung" zu erreichen, sollte ein aus direkten Wahlen hervorgehendes nationales Parlament einberufen werden, das dann über die Bundesreform zu beraten hätte. Dieser Antrag zielte in Wirklichkeit jedoch nicht auf eine Reform auf dem Boden des Bundesrechts, sondern vielmehr auf die Beseitigung der politischen Ordnung von 1815. Bismarcks Ziel war es, mit Unterstützung der nationalen Bewegung den großdeutschen Staatenbund durch einen kleindeutschen Bundesstaat unter preußischer Führung zu ersetzen.

Während in der Bundesversammlung und auf den diplomatischen Kanälen noch über die preußischen Reformanträge gestritten wurde, drehte sich die militärische Eskalationsspirale unaufhaltsam weiter. In Preußen, Österreich, Bayern, Württemberg und Sachsen wurden seit April 1866 Vorbereitungen zur Mobilisierung der Armeen getroffen. Am 5. Juni rückten preußische Truppen in das Herzogtum Holstein ein. Österreich beantragte daraufhin am 11. Juni die Mobilisierung des Bundesheeres gegen Preußen, die in der Bundesversammlung am 14. Juni 1866 beschlossen wurde. Noch in der gleichen Sitzung erklärte Preußen den Bundesvertrag als „gebrochen" und „nicht mehr verbindlich". Zwei Tage später, am 16. Juni 1866, begann mit dem preußischen Einmarsch in Kurhessen der Krieg zwischen Österreich und 13 weiteren bundestreuen Regierungen auf der einen und Preußen mit 18 verbündeten Staaten auf der anderen Seite. Der Konflikt wurde nach nur drei Wochen entschieden, als Preußen in der Schlacht bei Königgrätz am 3. Juli 1866 die habsburgischen Truppen entscheidend schlagen konnte. Im Vorfrieden von Nikolsburg stimmte Österreich am 26. Juli

Preußischer
Reformantrag

Austritt Preußens
aus dem Bund

Krieg

der Auflösung des Deutschen Bundes und einer neuen Gestaltung
Deutschlands ohne österreichische Beteiligung zu. Das definitive völ-
kerrechtliche Ende des Deutschen Bundes wurde mit dem Prager Frie-   Prager Frieden
den vom 23. August 1866 besiegelt. Am Tag danach trafen sich in
Augsburg die Gesandten von neun deutschen Regierungen zu einer
letzten Bundestagssitzung. Sie stellten fest, dass der Deutsche Bund als
aufgelöst zu betrachten sei und beendeten damit die Tätigkeit der Bundesversammlung.

II. Grundprobleme und Tendenzen
der Forschung

1. Der Deutsche Bund als Gegenstand
der historischen Forschung

Im Vergleich mit den anderen staatlichen Gebilden bzw. Regimen in der neueren deutschen Geschichte hat die historische Forschung dem Deutschen Bund ein auffallend geringes Maß an Beachtung geschenkt [zur Forschungsgeschichte siehe 55: H. BLEIBER, Der Deutsche Bund im Streit der Meinungen; 56: DERS., Der Deutsche Bund in der Geschichtsschreibung der DDR; 57: F. FELLNER, Perspektiven für eine historiographische Neubewertung des Deutschen Bundes; 58: H. SEIER, Der Deutsche Bund als Forschungsproblem; 138: L. GALL, Der Deutsche Bund als Institution und Epoche; 64: A. DOERING-MANTEUFFEL, Die deutsche Frage, 53 ff.]. Die Zahl der Spezialstudien ist nicht sehr groß, und ihr Interesse konzentriert sich zudem auf wenige Aspekte. Viele Bereiche der Bundespolitik sind folglich noch nicht näher untersucht worden, wie auch eine systematische und umfassende Erschließung der für den Deutschen Bund und seine Tätigkeit relevanten Quellen erst vor wenigen Jahren auf den Weg gebracht wurde. Die allgemeine Forschung musste sich deshalb auf einige ältere Dokumentensammlungen aus dem 19. Jahrhundert (siehe dazu im Einzelnen unten S. 60 f.) sowie auf die wenigen Aktenstücke stützen, welche Eingang in nicht speziell der Bundesgeschichte gewidmeten Quelleneditionen fanden. Hier sind vor allem die von E. R. HUBER herausgegebenen „Dokumente zur deutschen Verfassungsgeschichte" [18] und diverse Bände aus der Reihe „Freiherr vom Stein-Gedächtnisausgabe" [10: H. BRANDT, Restauration und Frühliberalismus; 12: E. DROSS, Quellen zur Ära Metternich; 13: H. FENSKE, Quellen zur deutschen Revolution; 14: DERS., Vormärz und Revolution; 15: DERS., Der Weg zur Reichsgründung; 25: K. MÜLLER, Quellen zur Geschichte des Wiener Kongresses] zu nennen.

Ein Ausdruck und eine Folge der Defizite in der Grundlagenforschung zum Deutschen Bund ist die Tatsache, dass bis heute keine um-

Geringes Interesse der Forschung

Mangelnde Erschließung der Quellen

Fehlen einer Gesamtdarstellung

fassende Gesamtdarstellung des Deutschen Bundes existiert, während sowohl für die deutschen Einzelstaaten als auch die gesamtstaatlichen Ordnungen wie das Deutsche Kaiserreich, die Weimarer Republik, das „Dritte Reich" und die Bundesrepublik eine Fülle von Handbüchern und allgemeinen Monographien vorliegen. Diese Vernachlässigung der Bundesgeschichte ist teilweise auf die Sperrigkeit des Gegenstands zurückzuführen.

Die aktenmäßige Überlieferung ist aufgrund der staatenbündischen Struktur des Bundes, der keine politisch eigenständigen zentralen Institutionen ausbildete, auf etwa dreißig einzelstaatliche Archive verteilt. Neben diesem pragmatischen Hindernis hat die Reserve der historischen Forschung gegenüber der Bundesgeschichte aber auch einen

Eine zum Scheitern verurteilte Ordnung

„ideologischen" Grund. Der Deutsche Bund galt und gilt bis heute der überwiegenden Mehrheit der Historiker als eine unzeitgemäße, blockierende, reaktionäre und zum Scheitern verurteilte Ordnung. K. FISCHER, der im Jahr 1880 eine umfassende, auf den Akten und Protokollen der Bundesversammlung beruhende Darstellung vorlegte, hat diese Auffassung in dem Satz resümiert: „... es wäre thöricht, die Geschichte des Bundestags schreiben zu wollen, denn was während seines Bestehens in Deutschland geschehen ist, ist der Regel nach entweder außer ihm oder trotz ihm gethan worden, was in ihm oder durch ihn geschehen ist, entstammt in der Regel weder seiner Initiative, noch entspricht es immer seinen Interessen" [136: Die Nation und der Bundestag, IV].

Zwar wird in der aktuellen Forschung die wissenschaftliche Untersuchung der Bundesgeschichte nicht mehr als überflüssig oder sinnlos angesehen, doch bildet eine allgemeine und umfassende Synthese der Geschichte des Deutschen Bundes auch heute noch ein Desiderat. Dies musste kürzlich auch J. ANGELOW in seiner kompakten Darstellung konstatieren, die auf knappem Raum das historische Grundlagenwissen

Knapper Überblick

zum Deutschen Bund präsentiert [134: Der Deutsche Bund]. Die in Form eines angelsächsischen *textbooks* gestaltete Studie gibt einen faktenreichen, sehr instruktiven Überblick, bleibt aber, wie W. PIERETH in einer Rezension moniert hat [<http://www. sehepunkte.historicum.net/ 2003/09/3100.html> (eingesehen am 7. 12. 2005)], in manchen Aspekten hinter dem aktuellen Forschungsstand zurück. Zentrale bundespolitische Probleme wie die Auseinandersetzungen über den Artikel 13 der Bundesakte, die Reaktionsmaßnahmen und die Bundesreformdebatte werden, so PIERETH, nicht adäquat behandelt. Auch bildet der Deutsche Bund letztlich nicht den „Kern der Darstellung" [ebd.], sondern die Perspektive ist überwiegend die der Einzelstaaten, der Bund als Subjekt, als eigenständig handelnde und gestaltende politische Kraft bleibt dagegen blass.

Mit Blick auf die bisherige Forschung konstatiert ANGELOW, dass lange Zeit „stereotype Beurteilungsmuster" vorgeherrscht hätten, die erst in jüngerer Zeit durch eine „Neubewertung" verdrängt worden seien [134: 158]. Diese Feststellung erscheint indessen zu optimistisch, denn die negative Bewertung des Staatenbundes von 1815 und seiner Politik, vor allem im Hinblick auf die inneren Verhältnisse Deutschlands, ist auch in der aktuellen Forschungsliteratur noch häufig anzutreffen. So urteilte H. SCHULZE in seiner 1985 veröffentlichten Darstellung für die viel gelesene Reihe „Deutsche Geschichte der neuesten Zeit", der Deutsche Bund sei ein „vorsintflutliches Monstrum" gewesen: „im besten Fall wegen seiner Vielzahl von Zollschranken, Währungen und Maßsystemen ein Ärgernis für Handel und Wandel, im schlimmsten ein Repressionsinstrument im Namen des fürstlichen Legitimismus und der nationalen Zersplitterung" [231: Weg zum Nationalstaat, 74]. Ähnlich pointiert äußerte sich mit Blick auf die innere Bundespolitik, die von jeher besonders scharfe Kritik auf sich zog, H.-U. WEHLER in seiner „Deutschen Gesellschaftsgeschichte", indem er den Bund als „Inkarnation von Illiberalität und Unterdrückung" bezeichnete [88: WEHLER, Deutsche Gesellschaftsgeschichte, Bd. 2, 368]. Und auch das historiographische „Gegenstück" zu Wehlers Opus magnum, die „Deutsche Geschichte" TH. NIPPERDEYS, findet im Hinblick auf den Deutschen Bund eine der seltenen Gemeinsamkeiten mit dem Bielefelder Widerpart. Der Bund sei für die Zeitgenossen „nichts anderes" als „das Instrument der Restauration" gewesen. Im Rückblick gesehen, schreibt NIPPERDEY, sei der Staatenbund von 1815 „vielleicht ein Unglück für die deutsche Geschichte" gewesen [75: Deutsche Geschichte 1800–1866, 356, 97].

Von wenigen Ausnahmen abgesehen [72: H. LUTZ, Zwischen Habsburg und Preußen; 83: W. SIEMANN, Vom Staatenbund zum Nationalstaat] hat die von J. ANGELOW konstatierte „Neubewertung", sofern es um die innere Bundespolitik geht, in die aktuell maßgebenden großen Synthesen zur deutschen Geschichte des 19. Jahrhunderts kaum Eingang gefunden. Lediglich die positive Würdigung der außen- und sicherheitspolitischen Funktion des Deutschen Bundes als, wie es ARNOLD HERMANN LUDWIG HEEREN schon 1816 formulierte, „Friedensstaat von Europa" [A. H. L. HEEREN, Der Deutsche Bund in seinen Verhältnissen zu dem Europäischen Staatensystem; bey Eröffnung des Bundestags dargestellt. Göttingen 1816, 14] hat sich in der Forschung allgemein durchgesetzt [64: A. DOERING-MANTEUFFEL, Die deutsche Frage,

(Marginalien:)
Neubewertung?

Negative Bewertung des Bundes

Ein „Unglück für die deutsche Geschichte"?

Sicherheitspolitische Funktion

116; 219: W. D. GRUNER, Die deutsche Frage, 73 ff.; DERS., Europa, Deutschland und die internationale Ordnung im 19. Jahrhundert, in: 220: 71–106; 75: TH. NIPPERDEY, Deutsche Geschichte 1800–1866, 97, 362; 88: H.-U. WEHLER, Deutsche Gesellschaftsgeschichte, Bd. 2, 326].

Konzentration der Forschung auf die repressive Tätigkeit des Bundes

Dass die innere Politik des Deutschen Bundes demgegenüber in einem derart schlechten Licht erscheint, liegt zu einem erheblichen Teil in der Tendenz der Forschung begründet, ihr Augenmerk vor allem auf die repressive Tätigkeit des Bundes und seiner Organe zu richten. Gewiss entfaltete der Bund in dieser Hinsicht besonders intensive und nachhaltige Aktivitäten, die für den Verlauf der deutschen Geschichte in den fünfzig Jahren seines Bestehens eine prägende und im Hinblick auf die nationale und freiheitliche Entwicklung sehr nachteilige Wirkung hatten. Bei der Konzentration auf die reaktionären bzw. repressiven Aspekte des Bundes wurde und wird jedoch meist übersehen, dass die innere Bundespolitik sich nicht in den Unterdrückungsmaßnahmen erschöpfte, sondern sich darüber hinaus mit einer Vielzahl von wirtschafts-, rechts- und kulturpolitischen Themen von nationaler Bedeutung beschäftigte. Überdies waren auch die Weiterentwicklung der

Ausbau der Bundesverfassung

Bundesverfassung, speziell der national-föderative Ausbau seiner Institutionen und die Ausdehnung seiner Gesetzgebungskompetenz unter Einbeziehung von Abgeordneten des Volkes, häufig Gegenstand der Bundespolitik. Eingehendere Studien zu diesen Themen wurden aber nur selten unternommen. Von der älteren Forschung ist die Arbeit von L. F. ILSE zu nennen, die jedoch nur von 1816 bis 1824 reicht [139: Geschichte der deutschen Bundesversammlung] und in der der Autor auf

Förderung nationaler Interessen

breiter Materialbasis untersuchte, wie sich der Deutsche Bund in den ersten Jahren seines Bestehens um die Förderung nationaler Interessen vor allem in wirtschaftlicher und kultureller Hinsicht bemühte.

Zwar wurde die dreibändige Darstellung von ILSE durch einen Nachdruck von 1971/72 der Forschung wieder zugänglich gemacht, ihre Rezeption beschränkt sich aber ebenso auf einen kleinen Kreis von Spezialisten wie diejenige der wenigen, meist älteren Untersuchungen über die Reformprojekte im Hinblick auf die Verfassung des Deutschen

Reform der Bundesverfassung

Bundes [260: W. P. FUCHS, Die deutschen Mittelstaaten und die Bundesreform; 257: M. DAERR, Beust und die Bundesreformpläne; 270: H.-H. THUMANN, Beusts Plan zur Reform des Deutschen Bundes; 261: F. GREVE, Die Politik der deutschen Mittelstaaten; 263: E. E. KRAEHE, Austria and the Problem of Reform in the German Confederation; 271: M. VOGT, Überlegungen zur Bundesreform; 266: W. REAL, Zur Geschichte der Bundesreformbestrebungen; 267: DERS., Österreich und Preußen im Vorfeld des Frankfurter Fürstentages; 269: H. RUMPLER, Die

Politik des Freiherrn von Beust]. Auf breiter Quellengrundlage ist das Thema der Bundesreform erst in den letzten Jahren wieder aufgenommen worden in zwei umfangreichen Studien, die den Bemühungen um den Ausbau der Bundesverfassung und die nationale Rechtsvereinheitlichung in der Zeit zwischen 1850 und 1866 nachgehen [258: J. FLÖTER, Beust und die Reform des Deutschen Bundes; vgl. auch 259: DERS., Föderalismus als nationales Bedürfnis; 228: J. MÜLLER, Deutscher Bund und deutsche Nation; ferner: 265: DERS., Reform statt Revolution].

Trotz dieser Neuansätze, auf die weiter unten ausführlicher eingegangen wird, überwiegen im historischen Urteil über den Deutschen Bund weiterhin die kritischen Töne. Das ist insofern sicherlich gerechtfertigt, als die Bundesversammlung einen großen Teil ihrer Energie über Jahrzehnte hinweg dazu verwendet hat, die liberalen und nationalen Kräfte in Deutschland durch repressive Maßnahmen zu bekämpfen. Dass sich die Forschung indessen an diesem Gegensatz zwischen reaktionärem Bund und liberaler Nationalbewegung zeitweise regelrecht festgebissen hat und auch heute noch Mühe hat, ihre Perspektive zu erweitern, hängt mit der Dominanz des nationalstaatlichen Paradigmas zusammen, welches von der kleindeutsch-borussischen Geschichtsschreibung in der zweiten Hälfte des 19. Jahrhunderts entwickelt wurde und bis 1945 nahezu uneingeschränkte Geltung hatte [vgl. dazu W. HARDTWIG, Von Preußens Aufgabe in Deutschland zu Deutschlands Aufgabe in der Welt. Liberalismus und borussianisches Geschichtsbild zwischen Revolution und Imperialismus, in: DERS., Geschichtskultur und Wissenschaft. München 1990, 103–160; R. SOUTHARD, Droysen and the Prussian School of History. Lexington 1995]. Selbst nach 1945 hat die skeptischere Haltung gegenüber dem Nationalstaat nur in sehr begrenztem Rahmen zu einer Überprüfung und Differenzierung des Urteils über den Deutschen Bund geführt.

Dominanz des nationalstaatlichen Paradigmas

Die Grundlegung der geradezu axiomatischen Charakter erlangenden These vom unüberwindbaren Gegensatz zwischen Deutschem Bund und deutscher Nation erfolgte in den vier Jahrzehnten zwischen 1850 und 1890. In dieser Zeit etablierte sich die Geschichtsforschung in Deutschland als moderne Wissenschaft, die einerseits ein vorbildliches methodisches Instrumentarium ausbildete und andererseits zu einer hoch angesehenen Deutungsmacht avancierte. Treibende Kräfte bei diesem Prozess waren vornehmlich liberale Historiker, die die preußisch-deutsche Reichsgründung in gleichsam eschatologischer Weise als das nach langen Wirren glücklich erreichte Ziel der deutschen Geschichte interpretierten. Mit dem nationalen Staat von 1871, über dessen freiheitliche Defizite die bürgerlichen Historiker großzügig hin-

Gegensatz Deutscher Bund – Nation

wegsahen, schien die jahrhundertelange innere Spaltung Deutschlands endgültig überwunden. Nach dem Zusammenbruch des Alten Reiches 1803/06 war es nach der herrschenden Meinung der nationalliberalen Historiker der reaktionäre Deutsche Bund gewesen, der ein weiteres halbes Jahrhundert lang gewaltsam die Einheit und Freiheit in Deutschland unterdrückt und damit die überkommene autoritäre Fürstenherrschaft gegen die Ansprüche des deutschen Volkes auf parlamentarische Teilhabe und konstitutionelle Rechte gestützt habe.

Aus dieser Perspektive stellte sich die staatenbündische Ordnung von 1815, die ja einer Garantie der monarchischen Souveränität und der partikularstaatlichen Unabhängigkeit gleichkam, als eine grundsätzliche, durch Reformen nicht zu heilende Missbildung dar. Die Deutsche Bundesakte, schrieb H. VON TREITSCHKE 1879, sei „die unwürdigste Verfassung, welche je einem großen Culturvolke von eingeborenen Herrschern auferlegt ward" [87: Deutsche Geschichte im Neunzehnten Jahrhundert, Bd. 1, 710]. Der gleiche Autor, der im Kaiserreich zu einem der meistgelesenen und einflussreichsten deutschen Historiker avancierte, hatte schon 1864 in einer polemischen Schrift „die unheilbare Fäulnis unseres Bundesrechts" beklagt und den Bund als eine reformunfähige „absolutistische Institution" gegeißelt [86: Bundesstaat und Einheitsstaat, 80 u. 99].

Reformunfähigkeit des Bundes

Für das ausführlich beschriebene nationale Versagen des Deutschen Bundes und seine reaktionäre Politik machte die kleindeutsche Historiographie als tiefere, strukturelle Ursache die innere Verfassung des Bundes aus. Für TREITSCHKE war die Bundesakte „gar keine Verfassung" [87: Deutsche Geschichte im Neunzehnten Jahrhundert, Bd. 1, 712]; H. VON SYBEL nannte sie eine „kümmerliche Unverfassung", die sich wegen ihrer vielen Mängel als „unbrauchbar" erwiesen und den Anforderungen „eines realen Staatswesens" nicht entsprochen habe [85: Die Begründung des Deutschen Reiches, Bd. 1, 48 u. 52]. Dieser Tenor zog sich durch viele Darstellungen der nachfolgenden Jahrzehnte, in denen von der „Mißgeburt deutschen Staatswesens" [91: H. VON ZWIEDINECK-SÜDENHORST, Deutsche Geschichte, Bd. 1, 511], der „innere(n) Haltlosigkeit des Werkes von 1815" [73: E. MARCKS, Der Aufstieg des Reiches, Bd. 1, 445], der „kümmerliche(n) Organisationsform" des Bundes [141: K. GRIEWANK, Der Wiener Kongreß, 278] die Rede war. Die reaktionäre Politik des Bundes erschien von daher determiniert durch die Bundesverfassung, die eine liberale und nationale Entwicklung nicht zugelassen habe. Vielmehr habe der Deutsche Bund zwangsläufig zum „Grab" der nationalen Hoffnungen [169: A. O. MEYER, Bismarcks Kampf, 13] werden müssen.

Kritik an der Bundesverfassung

An der Betonung des unversöhnlichen Strukturgegensatzes zwischen dem Bund und der Nation und der damit verbundenen Schlussfolgerung, der Kampf gegen die liberale Nationalbewegung sei ein Lebensgesetz des Deutschen Bundes gewesen, wie auch umgekehrt die Nationsbildung sich zwangsläufig nur gegen den Bund und außerhalb seiner Strukturen habe vollziehen können, halten auch heute noch große Teile der Forschung fest. Der Bund als „entschlossene Verneinung des Nationalitätsprinzips" [232: H. SCHULZE, Staat und Nation in der europäischen Geschichte, 280], als „Negation des nationalstaatlichen Gedankens" [109: E. R. HUBER, Deutsche Verfassungsgeschichte, Bd. 1, 476], als „Gegentypus zum Programm des Nationalstaats" [250: TH. NIPPERDEY, Föderalismus, 69; ähnlich 251: DERS., Der deutsche Föderalismus, 5] bildete demnach ein strukturelles Hindernis auf dem „Weg zum Nationalstaat" (231: H. SCHULZE, Weg zum Nationalstaat].

Dass sich der Deutsche Bund zu einer „konservativen Entwicklungsblockade" [70: D. LANGEWIESCHE, Europa zwischen Restauration und Revolution, 61] entwickelte, ist in der Forschung unumstritten. Gegen die verbreitete Auffassung, wonach dies sich mehr oder minder unmittelbar aus seiner Verfassungsstruktur ergeben habe, ist allerdings geltend gemacht worden, dass die staatenbündische Ordnung und ihre Grundgesetze keineswegs zwingend einen reaktionären und antiliberalen bundespolitischen Kurs bedingt hätten. Die vorherrschende strukturalistische These wurde nicht von ungefähr nach der militärischen und politischen Katastrophe des Ersten Weltkriegs in Frage gestellt. Der liberaldemokratische Historiker V. VALENTIN wies 1930/31 in seiner großen Darstellung zur 1848er Revolution darauf hin, „daß der Deutsche Bund auch ein Ausdruck starker und sehr positiver Zeitideen" gewesen sei und „ferner die Bundesakte eine gute Zahl von Entwicklungsmöglichkeiten" gehabt habe [179: Bd. 1, 303]. Fast zeitgleich argumentierte F. SCHNABEL in seiner groß angelegten „Deutschen Geschichte", die Bundesakte von 1815 habe den Weg „zur elastischen Handhabung und Entwicklung" offengelassen [80: Bd. 2, 68].

Der Hinweis darauf, dass die nationale Entwicklungsblockade in Deutschland möglicherweise nicht, wie meist vorausgesetzt, a priori durch die Bundesverfassung vorgegeben war, sondern vielmehr aus der konkreten, keineswegs alternativlosen Handhabung der Bundespolitik erwuchs, wurde lange Zeit wenig beachtet. Bis heute beherrscht die strukturalistische Sichtweise, wonach die Unreformierbarkeit des Bundes durch seine Konstruktion vorgegeben war, weiterhin das Feld, während der inzidentielle Erklärungsansatz, der die antinationale und anti-

„Konservative Entwicklungsblockade"

Strukturalistische These

Inzidentieller Ansatz

liberale Bundespolitik als das Ergebnis spezifischer Weichenstellungen erklärt, sich (noch) nicht durchsetzen konnte.

Neben der Kontroverse zwischen den „Strukturalisten" und den „Inzidentialisten" hat sich im Laufe des 20. Jahrhunderts in der Historiographie zum Deutschen Bund eine weitere gravierende Meinungsverschiedenheit ergeben. Dabei geht es im Kern um das Verhältnis zwischen dem Deutschen Bund als föderativer Ordnung (im deutschen wie im europäischen Rahmen) auf der einen und dem politisch und ökonomisch integrierten Nationalstaat auf der anderen Seite. Es war der österreichische Historiker H. Ritter von Srbik, der in den 1930er Jahren die etablierte kleindeutsch-nationalstaatliche Sicht der deutschen Geschichte grundlegend in Frage stellte. In seinem monumentalen Werk „Deutsche Einheit", das als großdeutsches Gegenstück zu Sybels ein halbes Jahrhundert zuvor publizierten kleindeutschen Interpretation konzipiert war, entwarf Srbik ein Bild des Deutschen Bundes, in dem dieser weniger als antinationaler Täter erschien, sondern als „Opfer" des Hegemonialkonflikts zwischen Österreich und Preußen. Der Bund, so Srbik, dürfe nicht als „innerlich unsittlich" bezeichnet werden, weil er Preußen im Weg stand. Ganz im Gegenteil sei der Bund für viele Zeitgenossen „ein tief in Geschichte und Natur wurzelnder gesamtdeutscher Wert" und eine „dem deutschen Wesen gemäße politische Verkörperung des über den Einzelstaaten stehenden gesamtdeutschen Vaterlandes" gewesen [84: Deutsche Einheit, Bd. 2, 182].

Im Anschluss an Srbik haben in der Nachkriegszeit vor allem österreichische Historiker immer wieder eine positive Akzentuierung des Deutschen Bundes versucht. Dabei wurde die großdeutsch-föderative Ordnung als eine „Chance für Mitteleuropa" dargestellt [77: H. Rumpler, Eine Chance für Mitteleuropa]. Der begriffliche und konzeptionelle Rückgriff auf die habsburgischen Mitteleuropapläne von 1849/ 50 erscheint jedoch problematisch, denn jene Projekte standen im Dienst des österreichischen Hegemonialstrebens und riefen den erbitterten Widerstand Preußens und teilweise heftige Ablehnung bei der deutschen Nationalbewegung hervor. Eine Chance für den Bund waren die Mitteleuropapläne jedenfalls nicht, da sie schon 1850 beinahe zum innerdeutschen Krieg führten.

H. Rumpler hat in einem 1990 erschienenen Sammelband, der manche etablierten Urteile über den Deutschen Bund in Frage stellte, die These vertreten, der Bund sei eine „Alternative zum deutschen Nationalstaat" gewesen [H. Rumpler, Einleitung, in: 230: 9–19, Zitat 18]. Damit setzte er sich in entschiedenen Widerspruch zur geltenden Forschungsmeinung, die, wie es Th. Nipperdey wenige Jahre zuvor präg-

(Marginalien:)
Föderative Ordnung

H. von Srbik

Der Bund als „Opfer"

„Chance für Mitteleuropa"

„Alternative zum Nationalstaat"?

nant formuliert hatte, weiter davon ausgeht, dass die kleindeutsche Lösung „die Logik der geschichtlichen Wahrscheinlichkeit" für sich gehabt habe. Es seien „postnationale Träumereien", so NIPPERDEY weiter, zu meinen, die deutsche Nationalbewegung hätte sich durch ein föderalistisches Mitteleuropa befriedigen lassen. Die großdeutsch-föderalistischen Pläne Österreichs seien nur dann eine Alternative, „wenn man den Nationalstaat für eine historisch überspringbare Form der politischen Existenz hält" [75: Deutsche Geschichte 1800–1866, 792 u. 709].

Im Übrigen hat der Deutsche Bund auch kaum davon profitieren können, dass nach der Diskreditierung des Nationalstaatsparadigmas im Zuge der Naziherrschaft und des von ihr herbeigeführten vollständigen Zusammenbruchs des kleindeutsch-preußischen Reiches die föderalistischen Traditionen der deutschen Geschichte rehabilitiert wurden. Die Rolle des Bundes im deutschen Föderalismus wurde teilweise sehr kritisch gesehen, indem argumentiert wurde, gerade das Versagen des Deutschen Bundes bei der Lösung der deutschen Frage habe zur Diskreditierung des föderativen Prinzips beigetragen [240: E. DEUERLEIN, Föderalismus, 17]. Andere hoben die Kontinuitätslinien hervor, die sich zwischen dem alten Heiligen Römischen Reich Deutscher Nation und dem Staatenbund von 1815 ziehen lassen [250: TH. NIPPERDEY, Der Föderalismus in der deutschen Geschichte; 251: DERS., Der deutsche Föderalismus; 216: H. ANGERMEIER, Deutschland zwischen Reichstradition und Nationalstaat; 229: V. PRESS, Altes Reich und Deutscher Bund]. Jedoch blieb auch diese Einordnung des Bundes in einen genetischen Zusammenhang nicht unwidersprochen. So wurde in jüngerer Vergangenheit argumentiert, der Übergang zum Staatenbund 1815 sei „keineswegs eine normale Entwicklung" gewesen, sondern vielmehr ein Abweichen von der historischen Einheitstradition, der Bund müsse somit als „Ausreißer" aus dem allgemeinen Trend der deutschen Verfassungsentwicklung betrachtet werden [105: H. BOLDT, Die Reichsverfassung, 56].

Der Versuch, den Deutschen Bund aus dem „normalen" Gang der deutschen Geschichte herauszudefinieren, erscheint aber ebensowenig stichhaltig wie der wiederholt vorgebrachte Ansatz, dem Bund eine Vorläufer- oder Vorbildfunktion für die supranationalen Ordnungen des 20. Jahrhunderts zuzuschreiben. Über die zutreffende Feststellung hinaus, dass der Deutsche Bund eine friedenssichernde Funktion im deutschen wie europäischen Mächtesystem des 19. Jahrhunderts einnahm, lassen sich keine tragfähigen Argumente dafür finden, den Bund als „trendwidrige Präfiguration einer postnationalen Grundordnung" [58:

Föderalistische Tradition

Der Bund als Anomalie

Vorläufer supranationaler Ordnungen

H. SEIER, Der Deutsche Bund als Forschungsproblem, 58] zu adeln, indem er als Ahnherr des Völkerbundes [M. SEMPER, Deutscher Bund und Völkerbund als Organisationen zur Friedenssicherung. Göttingen 1936], der Vereinten Nationen [246: E. E. KRAEHE, The United Nations] bzw. als Vorbild für die Einigung Europas [247: R. LANG, The Germanic Confederation] oder „Modell für die Wiedervereinigung" Deutschlands [243: W. D. GRUNER, Der Deutsche Bund – Modell für eine Zwischenlösung?, in: 220: 45–69; 244: DERS., Verfassungsordnung; 245: H. HANDZIK, Der Deutsche Bund] identifiziert wird.

Föderative Nation

Historisch plausibler sind demgegenüber die seit einigen Jahren entwickelten Bestrebungen, den Deutschen Bund im Kontext der so genannten „föderativen Nation" zu verankern. Dieser Begriff wurde in die Debatte um die deutsche Nationsbildung eingeführt mit dem Ziel, den „föderativen Grundzug" der deutschen Geschichte stärker ins Bewusstsein zu rücken und die vom Reichsgründungsmythos von 1871 verdrängte Erinnerung „an die föderativen Wurzeln der Idee einer deutschen Nation" wieder zu beleben [248: D. LANGEWIESCHE, Föderativer Nationalismus, 215; zum Konzept insgesamt: 249: D. LANGEWIESCHE/G. SCHMIDT, Föderative Nation]. Im kleindeutsch-preußischen Nationalstaat habe, so formulierte es jüngst D. LANGEWIESCHE prägnant, die „nationale Leitwissenschaft" Geschichte die staatenbündisch-föderale Tradition der deutschen Geschichte radikal umgeschrieben [225: Was heißt ‚Erfindung der Nation'?].

Ein Opfer dieser Umdeutung der Vergangenheit war der Deutsche Bund, dessen Rolle im Prozess der Nationsbildung als eine rein obstruktive interpretiert wurde. Nach den föderativen Entwicklungschancen und nationalintegrativen Potenzialen des Bundes wurde kaum gefragt. Hier liegt ein Desiderat der Forschung, das zum Teil auch darauf zurückzuführen ist, dass die wissenschaftliche Erschließung der Quellen zur Bundesgeschichte lange Zeit sehr fragmentarisch war. Nach einigen noch während des Bestehens des Bundes veröffentlichten Quellensammlungen, die die Entstehungsgeschichte des Deutschen Bundes [22: J. L. KLÜBER, Acten des Wiener Congresses], seine wichtigsten Rechtsgrundlagen [23: J. L. KLÜBER, Quellen-Sammlung zu dem Oeffentlichen Recht des Teutschen Bundes; 36: P. ROTH/H. MERCK, Quellensammlung zum deutschen öffentlichen Recht seit 1848; 43: H. A. ZACHARIÄ, Die deutschen Verfassungsgesetze; 11: Corpus Juris Confoederationis Germanicae; 3: L. K. AEGIDI, Die Schluss-Acte der Wiener Ministerial-Conferenzen] und die wichtigsten Reaktionsbeschlüsse dokumentierten [24: J. L. KLÜBER, Wichtige Urkunden; 20: L. F. ILSE, Protokolle der deutschen Ministerial-Conferenzen], wurden

Quelleneditionen
lange Zeit
fragmentarisch

größere Aktenbestände zur Bundespolitik in den folgenden Jahrzehnten nur noch in einigen Editionen publiziert, die die deutsche Politik aus der Sicht der beiden Großmächte darstellten [27: H. RITTER VON POSCHINGER, Preußen im Bundestag 1851 bis 1859; 28: Preußens auswärtige Politik 1850–1858; 29: Die auswärtige Politik Preußens 1858–1871; 41: H. VON SRBIK, Quellen zur deutschen Politik Österreichs].

Erst seit den 1980er Jahren wurden umfangreiche Aktenbestände durch neue Editionen erschlossen. Die wirtschafts- und rechtspolitischen Initiativen des Deutschen Bundes in der Zeit nach 1850 machte W. SCHUBERT in einer Reihe von vorzüglich kommentierten, vielbändigen Nachdrucken der vom Deutschen Bund selbst in den späten 1850er und frühen 1860er Jahren veranlassten Ausgaben für die Forschung verfügbar [30; 31; 32; 39]. Die Entstehungsgeschichte des Bundes wurde erhellt durch zwei neue Editionen, die den Wiener Kongress im Allgemeinen [25: K. MÜLLER, Quellen zur Geschichte des Wiener Kongresses] und die Politik der mindermächtigen Staaten im Besonderen [19: M. HUNDT, Quellen zur kleinstaatlichen Verfassungspolitik auf dem Wiener Kongreß] zum Gegenstand haben.

Neue Editionen

Schließlich hat die Historische Kommission bei der Bayerischen Akademie der Wissenschaften im Jahr 1988 ein großes Editionsprojekt ins Leben gerufen, das die Bundespolitik des gesamten Zeitraums von 1815 bis 1866 breit dokumentieren soll [siehe dazu 59: E. TREICHEL/J. MÜLLER, Quellen zur Geschichte des Deutschen Bundes]. Mehrere bisher publizierte umfangreiche Bände für die Jahre 1813–1815, 1830–1834 und 1850–1858 enthalten neben den bereits bekannten Quellen eine Fülle von wenig oder gar nicht beachteten Materialien, die ein neues Licht auf die Bundesgeschichte werfen [34: Quellen zur Geschichte des Deutschen Bundes I/1, II/1, III/1, III/2].

Editionsprojekt der Historischen Kommission

Die Verbreiterung der Quellenbasis durch Heranziehung zusätzlicher Materialien, die damit einhergehende Ausweitung des Forschungsinteresses auf andere Dimensionen der Bundespolitik jenseits des bisher privilegierten „Systems der Restauration" und die Relativierung des kleindeutsch-nationalstaatlichen Paradigmas bei der Betrachtung des Deutschen Bundes könnten dazu führen, dass die historische Einordnung und Bewertung des Staatenbundes, der von 1815 bis 1866 als „nationales Band" die Partikularstaaten in einer gesamtdeutschen politischen Ordnung zusammenfasste, um neue Facetten ergänzt wird.

Ausweitung des Forschungsinteresses

Viele offene Fragen harren noch der Untersuchung durch detaillierte Monographien. Diese bilden eine unverzichtbare Grundlage für eine immer noch ausstehende umfassende und differenzierte Gesamtdarstellung der Geschichte des Deutschen Bundes.

2. Das politische System der Restauration

Die politischen Überzeugungen der tonangebenden Historiker der zweiten Hälfte des 19. Jahrhunderts haben in einem ganz erheblichen Maße dazu beigetragen, dass die wissenschaftliche Erforschung der Bundesgeschichte ihre Aufmerksamkeit in erster Linie auf die repressive Tätigkeit des Deutschen Bundes gerichtet hat. Die unnachgiebige Verfolgung freiheitlicher und nationaler Regungen, die Reaktion gegen das Streben nach der Konstitutionalisierung der politischen Ordnung in Deutschland, der Versuch der Konservierung einer monarchisch-autoritären Regierungsweise, die seit der Französischen Revolution in West- und Mitteleuropa einem gravierenden Legitimitätsverlust ausgesetzt war, galt den nationalliberalen, kleindeutsch-preußisch orientierten Historikern als das Lebensgesetz des Deutschen Bundes. Die Bundesversammlung sei demnach nichts anderes als ein Werkzeug in der Hand Metternichs gewesen, mit dem dieser seine reaktionären politischen Ziele in ganz Deutschland durchgesetzt habe. Im Zusammenhang mit den Unterdrückungsmaßnahmen von 1819/20 und 1832/34 sprach H. VON SYBEL vom „österreichischen System", das darauf abzielte, „eine mit diktatorischen Vollmachten ausgestattete Bundesgewalt" zu etablieren [85: Die Begründung des Deutschen Reiches, Bd. 1, 56 u. 39].

Repressive Tätigkeit des Deutschen Bundes

Die Auffassung, dass im Deutschen Bund ein umfassendes „System" der Unterdrückung ausgebildet worden sei, ist schon von den Zeitgenossen während des Vormärz vertreten worden. Vielfach war hier in diplomatischen Schriftstücken wie auch in der politischen Publizistik vom „österreichischen System" und vom „System Metternichs" die Rede. H. VON SRBIK hat diesen Begriff in den 1920er Jahren zu einer zentralen historischen Deutungskategorie für die Zeit von 1815 bis 1848 entwickelt, mit der er in seiner monumentalen Metternich-Biographie das Denken und Handeln des österreichischen Staatskanzlers zu erschließen versuchte [99: Metternich; vgl. DERS., Der Ideengehalt des „Metternichschen Systems", in: HZ 131 (1925), 240–262]. Der Begriff bezog sich zum einen auf das europäische Mächtesystem, in dem die fünf Großmächte nach den Vorstellungen Metternichs mit den Mitteln der Konferenzdiplomatie und der politisch-militärischen Interventionen die liberalen und nationalen Bewegungen im Zaum halten sollten. Im Hinblick auf die Habsburgermonarchie meinte der Begriff ferner das mit polizeistaatlichen Methoden verfolgte Ziel, die monarchische Autorität mit allen Mitteln aufrecht zu erhalten, um die zentrifugalen

„System" der Unterdrückung

Rolle Metternichs

Kräfte im Vielvölkerstaat zu neutralisieren. Bezogen auf den Deutschen Bund evozierte die Formel vom „Metternichschen System" die Vorstellung, die von der Bundesversammlung beschlossenen antinationalen und antiliberalen Maßnahmen seien der Ausdruck eines koordinierten und planvollen Vorgehens gegen jegliche Opposition. Der Systembegriff ist allerdings insofern nicht unproblematisch, als er eine Stringenz und Geschlossenheit der reaktionären Bundespolitik impliziert, die möglicherweise so gar nicht gegeben war. Dies könnte dazu führen, die „Logik" der Unterdrückung zu stark hervorzuheben und zu geringes Gewicht auf die Kontingenz vieler repressiver Maßnahmen zu legen.

Die einzelnen reaktionären Beschlüsse und Maßnahmen der Bundesversammlung und ihrer Kommissionen sind in mehreren monographischen Studien untersucht worden. In einer umfassenden Darstellung zur Karlsbader Konferenz von 1819 hat E. Büssem die wegweisende Bedeutung dieses Ereignisses für die innere Entwicklung Deutschlands herausgearbeitet. Die dort gefassten Beschlüsse seien einem „Staatsstreich" gleichgekommen. Sie „unterbanden die Kommunikationsmöglichkeiten der bürgerlichen Bewegung, zerstörten ihre Organisationen und führten ein striktes Polizeiüberwachungssystem ein, das zwar nicht lückenlos arbeitete, aber seinen Abschreckungseffekt durchaus erfüllte" [185: Die Karlsbader Beschlüsse, 467, 470]. *Karlsbader Beschlüsse als Bundes-Staatsstreich*

Die These vom „Bundes-Staatsstreich", mit dem sich eine „Wandlung" des staatenbündischen Systems hin zu einer „unitarisierenden" Ordnung angedeutet habe, wurde bereits 1960 von E. R. Huber entwickelt. Die zunächst als Ausnahmegesetze erscheinenden Karlsbader Beschlüsse seien durch ihre 1824 erfolgte Verlängerung auf unbestimmte Zeit „zu Bestandteilen der normalen Bundesordnung" geworden, und der Deutsche Bund habe damit auf Dauer die Methoden eines „vorkonstitutionellen Polizeistaats" eingeführt [109: Deutsche Verfassungsgeschichte, Bd. 1, 735 f., 766]. *Der Bund als „Polizeistaat"*

Diese Interpretation hat Eingang in die meisten allgemeinen Darstellungen gefunden. Mit den Karlsbader Beschlüssen und der kurz danach verabschiedeten Wiener Schlussakte habe, so heißt es in einer neueren Gesamtdarstellung, die Verfassung des Deutschen Bundes „ihre definitive Form" erhalten, eine Form, „welche die früher als nationaler Wunsch vorgestellte Erweiterung der Zentralkompetenzen ganz in den Dienst der politischen Reaktion stellte" [72: H. Lutz, Zwischen Habsburg und Preußen, 47]. In ähnlichem Tenor sprach H.-U. Wehler von der „faktisch vollzogene(n) Ergänzung und konservative(n) Uminterpretation der Bundesverfassung", durch die der Bund

„die Funktion eines bevormundenden Polizeistaats" bekommen habe [88: Deutsche Gesellschaftsgeschichte, Bd. 2, 340].

Zweifellos wurden im Deutschen Bund polizeistaatliche Methoden angewandt, doch erscheint es problematisch, ihn als „Polizeistaat" zu bezeichnen. Gewiss zeigt sich in der ausgedehnten Ermittlungs- und Überwachungstätigkeit der Mainzer Zentraluntersuchungskommission (1819–1828) und der Frankfurter Bundeszentralbehörde für politische Untersuchungen (1833–1842) das Bestreben, den Organen des Bundes gesamtdeutsche Polizeifunktionen zu geben. So lassen denn auch die Darstellungen, in denen die Bildung, personelle Zusammensetzung und Tätigkeit dieser Kommissionen untersucht worden sind, keinen Zweifel an der weit ausgreifenden Tätigkeit der Bundesrepressionsorgane [191: L. F. ILSE, Geschichte der politischen Untersuchungen; 203: A. PETZOLD, Die Zentral-Untersuchungs-Kommission in Mainz; 213: E. WEBER, Die Mainzer Zentraluntersuchungskommission; 198: A. LÖW, Die Frankfurter Bundeszentralbehörde; 195: W. KOWALSKI, Vom kleinbürgerlichen Demokratismus]. Diese Untersuchungen zeigen aber auch, dass die Wirksamkeit der Bundespolizeiorgane nicht unerheblich eingeschränkt wurde durch die politischen Widerstände mancher Einzelstaaten gegen direkte Eingriffe in die partikulare Polizei- und Justizhoheit, durch bürokratische Grabenkämpfe mit den Landes- und Lokalbehörden und durch personelle Querelen innerhalb der Kommissionen. Die polizeistaatliche Potenz der Untersuchungskommissionen stieß mithin immer wieder an ihre Grenzen, was sich nicht zuletzt darin niederschlug, dass sowohl die Mainzer als auch die Frankfurter Behörde nach jeweils neun Jahren ihre Aktivitäten einstellten.

Dass die Bundesbehörden ihre Ziele nicht in dem Maße erreichten, wie es insbesondere Metternich beabsichtigt hatte, zeigte sich auch daran, dass sich der österreichische Staatskanzler mit dem geheimen Mainzer Informationsbüro ein separates, unter seiner persönlichen Leitung stehendes Instrument schuf, das von 1833 bis 1848 die deutsche und europäische Presse, Publizistik und Öffentlichkeit überwachte. Das von zwei Polizeibeamten geleitete Informationsbüro verfügte über ein weit verzweigtes Agentennetz, verschlang pro Jahr weit über 20 000 Gulden und lieferte in den fünfzehn Jahren seines Bestehens 1155 „Hauptberichte". Im „Zusammenspiel von politisch-polizeilichem Nachrichtendienst, publizistischer Information und pressepolitischer Aktion" entwickelte sich das Mainzer Informationsbüro zu einem sehr effizienten polizeistaatlichen Werkzeug [188: F. TH. HOEFER, Pressepolitik und Polizeistaat Metternichs, 167; 189: DERS., Der „Strukturwandel der Öffentlichkeit"; 208: W. SIEMANN, „Deutschlands

(Marginalien:)

Zentraluntersuchungskommission und Bundeszentralbehörde

Grenzen der polizeistaatlichen Durchdringung

Mainzer Informationsbüro

Ruhe", 135–174]. Das Büro agierte innerhalb des Deutschen Bundes und wurde von der Bundespräsidialmacht betrieben, es war aber kein „Bundes-Nachrichtendienst", sondern eine Einrichtung Metternichs, die dessen Sturz im März 1848 nur um wenige Tage überdauerte.

Die These vom „Bundes-Polizeistaat" wird zusätzlich relativiert durch einige wenige Studien, die sich mit der Umsetzung der Karlsbader Beschlüsse in den Einzelstaaten befassen. In einer Darstellung der bayerischen Pressepolitik zwischen 1815 und 1837 wurde gezeigt, dass entgegen einer lange tradierten Legende die Reaktionsbeschlüsse von 1819 in Bayern zunächst reibungslos und strikt umgesetzt wurden. Mit dem Regierungsantritt Ludwigs I. im Jahr 1825 setzte jedoch eine Neuorientierung ein, die kurzfristig zu einer Liberalisierung des bayerischen Presserechts führte. Die Lockerung der Zensur ermöglichte in den späten 1820er Jahren die Gründung liberaler Presseorgane, was Metternich veranlasste, die bayerische Regierung an das Bundespressegesetz von 1819 zu erinnern. Nach der Julirevolution kam es zu einem erneuten Kurswechsel, der Bayern „in das Metternichsche System zurückführte" [212: M. TREML, Bayerns Pressepolitik zwischen Verfassungstreue und Bundespflicht, 136]. Umsetzung der Reaktionsbeschlüsse in den Einzelstaaten Pressepolitik in Bayern

Eine dauerhafte bundesweite Konformität in der Ausführung der Karlsbader Beschlüsse war auch im Hinblick auf die Überwachung der Universitäten nicht gegeben. Auch hier wirkte, wie es in einer Studie über die württembergische Hochschulpolitik herausgearbeitet wurde, der Konstitutionalismus als „Regulativ" [202: TH. OELSCHLÄGEL, Hochschulpolitik in Württemberg, 181]. Die Kontrolle der Universitäten wurde in der Praxis von Staat zu Staat, oft sogar innerhalb eines Staates je nach Universität unterschiedlich gehandhabt. Die Hochschulautonomie wurde zwar erheblich beeinträchtigt, jedoch wurde, so OELSCHLÄGEL, in keinem Bundesstaat ein „Polizeiregime" installiert [ebd., 183]. Die Beaufsichtigung reichte bis in die privatesten Lebenskreise der Dozenten hinein, aber Amtsenthebungen und bundesweite Berufsverbote blieben eine große Ausnahme. Insgesamt konnte das lückenhafte System der Repression den Prozess der gesellschaftlichen Veränderungen nur verlangsamen, aber nicht aufhalten: „Dazu waren die Mittel des Bundes und der Gliedstaaten gar nicht stark genug; sie waren nicht totalitär" [ebd., 186]. Hochschulpolitik in Württemberg

Der vierte Karlsbader Beschluss, die „Provisorische Exekutions-Ordnung" und die in der Folge von der Bundesversammlung am 3. August 1820 verabschiedete endgültige Exekutionsordnung, ist noch nicht Gegenstand einer näheren Analyse geworden. Auf der Grundlage dieser Exekutionsordnung wurden in den folgenden Jahrzehnten mehrere Bundesexekutionen

Bundesexekutionen gegen Landesregierungen durchgeführt, um die Durchsetzung von Bundesbeschlüssen zu gewährleisten, so 1829 gegen den Herzog von Braunschweig, 1834 gegen den Senat der Stadt Frankfurt sowie 1864 gegen den dänischen König in Holstein. Über den Ablauf und die Ergebnisse dieser Maßnahmen informieren etliche, meist ältere Einzelstudien sowie vor allem die entsprechenden Abschnitte in der Deutschen Verfassungsgeschichte von E. R. HUBER [109: Bd. 1–3]. Eine allgemeine Darstellung über die Bundesexekutionen und ihre Funktion im System der Restauration liegt indessen nicht vor.

Im Unterschied zu den vormärzlichen Unterdrückungsmaßnahmen und Repressivorganen des Deutschen Bundes ist die reaktionäre Bundespolitik nach der Wiederherstellung der Bundesversammlung 1851 bislang nur sehr fragmentarisch erforscht. Die Einschätzung, die 1850er Jahre seien eine neue „Ära der Reaktion" gewesen [109: E. R. HUBER, Deutsche Verfassungsgeschichte, Bd. 2, 129] und es sei abermals ein „System der Reaktion" errichtet worden [82: W. SIEMANN, Gesellschaft im Aufbruch, 25 ff.], beruht von daher, was die Bundespolitik betrifft, auf einer lückenhaften Grundlage. Von den reaktionären Maßnahmen des Bundes aus dieser Zeit ist lediglich die Entstehung und Ausführung des Beschlusses über das Pressewesen von 1854 näher untersucht worden [194: R. KOHNEN, Pressepolitik des Deutschen Bundes], während der gleichzeitig verabschiedete Beschluss über das Vereins- und Versammlungswesen ebenso unzureichend erforscht ist wie die Einrichtung und Tätigkeit des Bundesreaktionsausschusses von 1851. Gerade das formelle wie informelle Einwirken des Reaktionsausschusses, der mehrfach in einzelstaatliche Verfassungskonflikte eingriff, um die Beseitigung der liberalen Klauseln und Gesetze aus der Revolutionszeit zu erwirken, kann wichtige Aufschlüsse über die Möglichkeiten und Grenzen der reaktionären Bundespolitik liefern.

Auf dem Gebiet der polizeilichen Überwachung der Opposition gelang es der Bundesversammlung nach 1851 nicht, eine koordinierte Politik durchzusetzen. Der im Herbst 1851 auf Antrag Österreichs und Preußens unternommene Versuch, eine Bundeszentralpolizeibehörde zu errichten, fand in der Bundesversammlung keine Mehrheit. Eine „Bundespolizei" kam mithin nicht zustande. Statt dessen arbeiteten die größeren deutschen Staaten seit April 1851 im geheimen „Polizeiverein" zusammen, der bis 1866 insgesamt zwanzig Konferenzen abhielt, an denen zunächst sieben, später nur noch vier bis fünf Regierungen teilnahmen [208: W. SIEMANN, „Deutschlands Ruhe"; dazu die Editionen: 40: DERS., Der „Polizeiverein" deutscher Staaten; 26: Die Polizeikonferenzen deutscher Staaten]. Auf den Polizeikonferenzen wurde

Reaktionäre Bundespolitik nach 1851

Bundesbeschlüsse von 1854

Reaktionsausschuss

Polizeiverein

eine „riesige Materialmenge" [208: 261] bearbeitet. Die beteiligten Regierungen tauschten umfangreiche Informationen über die „Umsturzpartei" aus, unterrichteten sich über beschlagnahmte Druckerzeugnisse, machten sich mit den jeweils praktizierten Überwachungs- und Fahndungstechniken bekannt und verständigten sich über politisch-polizeiliche Exekutivmaßnahmen. Der Versuch, die geheimpolizeiliche Tätigkeit auf Bundesebene zu institutionalisieren, war jedoch erfolglos: Der 1857/58 entwickelte Plan, am Sitz der Bundesversammlung in Frankfurt einen geheimen Nachrichtendienst „unter der Maske eines Bundespresseorgans" [ebd., 265] zu installieren, scheiterte an mannigfaltigen Widerständen.

Die politische Unterdrückung in Deutschland ließ sich nach der Revolution von 1848/49 offenbar nur noch sehr eingeschränkt durch den Deutschen Bund organisieren. Die These von W. SIEMANN, der Deutsche Bund habe eine „konsequente Reaktionspolitik" betrieben [83: Vom Staatenbund zum Nationalstaat, 398], ist jüngst von J. MÜLLER in Zweifel gezogen worden. Nach einem Überblick über die vom Bund initiierten reaktionären Maßnahmen der nachrevolutionären Phase gelangte MÜLLER zu dem Resümee: „Die Reaktionspolitik hatte auf der Ebene des Bundes nur begrenzten Erfolg, die Unterdrückung der politischen Opposition war vor allem das Werk der Einzelstaaten, die in dieser Hinsicht aber nicht mit einheitlichen Maßstäben vorgingen" [228: Deutscher Bund und deutsche Nation, 144]. Man wird im Deutschen Bund im Hinblick auf die Zeit nach der Revolution von 1848/49 kaum die treibende Kraft im „politischen System der Reaktion" sehen können, und wenn man für die 1850er Jahre von „entfesselter Polizeistaatlichkeit" reden will [176: W. SIEMANN, Die deutsche Revolution, 7], so ist der Anteil des Bundes daran wohl geringer, als man lange Zeit angenommen hat.

Kontroverse Bewertung der Reaktionspolitik des Bundes

Insgesamt gesehen führt der Überblick über die historische Forschung zur reaktionären Politik des Deutschen Bundes zu dem Ergebnis, dass die so scheinbar eindeutigen Urteile auf einer relativ brüchigen Grundlage beruhen. Viele Aspekte der Bundestätigkeit auf diesem Gebiet sind nicht besonders intensiv erforscht. Über die konkrete Umsetzung der in Frankfurt beschlossenen Maßnahmen in den einzelnen Staaten ist noch wenig bekannt. Das Verhältnis zwischen der Reaktionspolitik des Bundes und derjenigen der Einzelstaaten ist nur selten thematisiert worden. Manches deutet indessen darauf hin, dass die Rolle des Deutschen Bundes im „System" der Restauration bzw. der Reaktion differenzierter beurteilt werden muss, als es das Gros der Forschung tat und bis heute tut.

Forschungsdesiderate

3. Die Instrumente der Reaktion

Von den drei vom Bund selbst geschaffenen reaktionären Organen hatten die Mainzer Zentraluntersuchungskommission und die Frankfurter Bundeszentralbehörde nur ermittelnde Funktionen, sie konnten keine repressiven Maßnahmen exekutieren. Der Bundesreaktionsausschuss von 1851 hatte darüber hinaus zwar die Möglichkeit, durch Verhandlungen und notfalls durch die Entsendung eines Bundeskommissars in die inneren Verhältnisse der Einzelstaaten einzugreifen. Die Arbeit und Vorgehensweise des Reaktionsausschusses ist jedoch bislang noch nicht systematisch untersucht worden, und so ist das Maß der repressiven Energie des Bundes in dieser Hinsicht nicht genau zu bestimmen.

Reaktions-ausschuss

Abgesehen von diesem noch unerforschten Kapitel der Bundesgeschichte lag die konkrete Umsetzung der reaktionären Politik, die praktische Ausführung der Bundesbeschlüsse fast vollständig in der Hand der einzelstaatlichen Behörden. Dies galt sowohl für die Pressepolitik, bei der es kein eigenständiges Bundeszensurorgan gab, als auch für die administrative und juristische sowie die polizeiliche Implementierung der Reaktionsmaßnahmen. Lediglich bei den militärischen Repressivmaßnahmen kam mehrfach der Bund ins Spiel, indem auf Beschluss der Bundesversammlung und in logistischer Abstimmung mit der Bundesmilitärkommission Kontingente des Bundesheeres eingesetzt wurden.

Die häufig nur mittelbare Beteiligung des Deutschen Bundes an der Durchführung von Unterdrückungsmaßnahmen hat mithin dazu geführt, dass bei der Untersuchung der Instrumente der Reaktion in der Regel die Einrichtungen und Behörden der jeweiligen Einzelstaaten im Mittelpunkt stehen, während der Bund in den Hintergrund rückt.

3.1 Zensur und Pressepolitik

Die Handhabung der Zensur und die pressepolitischen Maßnahmen während der Zeit des Deutschen Bundes sind in zahlreichen Studien untersucht worden [als Überblick vgl. 187: H.-D. FISCHER, Deutsche Kommunikationskontrolle]. Hier haben sich vor allem die Presseforschung und die Germanistik engagiert, die meist auf den fundamentalen Gegensatz zwischen Zensur und Pressefreiheit abheben. Von historischer Seite her ist in neueren Untersuchungen die Funktion der Zensur im Kampf um die Meinungsfreiheit bzw. ihr Einsatz bei dem Versuch der Meinungskontrolle thematisiert worden [210: W. SIEMANN,

Meinungskontrolle und aktive staatliche Pressepolitik

Kampf um die Meinungsfreiheit; 211: DERS., Von der offenen zur mittelbaren Kontrolle; 209: DERS., Ideenschmuggel]. Ferner wurde das 19. Jahrhundert als die Epoche identifiziert, in der die aktiv betriebene und gelenkte staatliche Pressepolitik ihren Anfang nahm, womit eine Entwicklung eingeleitet wurde, die in die moderne politische Propaganda einmündete [204: W. PIERETH, Propaganda im 19. Jahrhundert].

Das Zensurwesen und die Pressepolitik einzelner deutscher Staaten vor dem Hintergrund des Bundesrechts sind in einigen neueren Monographien behandelt worden. Neben den bereits erwähnten Studien über Österreich und Bayern [188; 212] liegen entsprechende rechtshistorische Studien für Hamburg [196: M. KRAMER, Die Zensur in Hamburg], Sachsen [214: D. WESTERKAMP, Pressefreiheit und Zensur im Sachsen des Vormärz] und Baden [182: M. M. ARNOLD, Pressefreiheit und Zensur im Baden des Vormärz] vor. Einen anschaulichen Einblick in die Verhältnisse vor Ort liefert der materialreiche Begleitband zur Ausstellung „Zensur im Vormärz in Luxemburg (1815–1848)", die 1998 in der Nationalbibliothek Luxemburg gezeigt wurde [199: G. MANNES/J. WEBER, Zensur im Vormärz].

Zensur und Pressepolitik in den Einzelstaaten

Aus diesen Publikationen ergibt sich zum einen die große Diversität der Zensur und der pressepolitischen Verhältnisse innerhalb des Deutschen Bundes. Ferner wird deutlich, dass der Umgang des Staates mit der Presse ein Herd ständiger Konflikte war, die sich zu Verfassungskämpfen innerhalb der Einzelstaaten wie auch – im Falle Badens – zu Konfrontationen zwischen den Staatsregierungen und der Bundesversammlung auswachsen konnten. Und schließlich zeigt sich, dass mit den repressiven Bundesbeschlüssen die Knebelung der deutschen Presse keineswegs auf Dauer fixiert werden konnte. Zu Beginn der 1830er Jahre, dann wieder nach 1840, seit 1847, Mitte der 1850er Jahre und ab 1859 drängte die liberale politische Presse auf größere Freiheiten. Die Repression habe, so die These von M. M. ARNOLD [182: 239–241] zur Radikalisierung der Presse geführt, die Zensur habe eine Eskalationsspirale in Gang gesetzt, die auf geradem Weg zur Revolution führte. Auf Dauer habe sich der Ruf nach der Pressefreiheit, von der ja in Artikel 18d der Bundesakte ausdrücklich die Rede war, weder von der Bundesversammlung noch von reaktionären Zensoren in den Einzelstaaten unterdrücken lassen.

Diversität der Zensurverhältnisse

Eskalationsspirale von Repression und Radikalisierung

Die Erforschung des Zensurwesens zur Zeit des Deutschen Bundes hat von jeher überwiegend die gesetzlichen Regelungen, die administrative Organisation und das Wirken der zensierenden Instanzen im Blick gehabt. Darüber, wie sich die Zensur bei den Zensierten aus-

Schwerpunkte der Zensurforschung

wirkte, ist wenig bekannt. Nach einer älteren Studie über die rheinische Presse [197: C. KRUCHEN, Die Zensur und deren praktische Anwendung bei rheinischen Zeitungen] ist in neueren Darstellungen vor allem die Entwicklung der Augsburger Allgemeinen Zeitung im Zeitalter der Zensur detailliert untersucht worden [206: M. VON RINTELEN, Zwischen Revolution und Restauration; 184: M. BREIL, Die Augsburger „Allgemeine Zeitung"; 201: G. MÜCHLER, „Wie ein treuer Spiegel"; 183: E. BLUMENAUER, Journalismus zwischen Pressefreiheit und Zensur; vgl. auch 212: M. TREML, Bayerns Pressepolitik, 93–109, wo die Auswirkungen der Karlsbader Beschlüsse auf die Augsburger Allgemeine und einige andere bayerische Blätter kurz skizziert werden]. Dabei spürte insbesondere E. BLUMENAUER durch eine Inhaltsanalyse der Augsburger Allgemeinen der „Medienrealität" im Zensursystem nach. Sie gelangte dadurch zu einer exakteren Bestimmung des „Wirkungsgrads" der Zensur und beschrieb die „Konstruktion von Realität" in der Restaurationszeit. BLUMENAUER konstatierte einen „zensurbedingten Rückgang politischen Geschehens im thematischen Spektrum" des Blattes, vor allem in der „nationalen" Berichterstattung. Gleichwohl bewahrte die Augsburger Allgemeine auch unter den Bedingungen der Zensur ihren Charakter einer politischen Tageszeitung [183: 166–172]. Der Anteil des Bundes war erheblich, denn die Karlsbader Beschlüsse und ihre Folgebestimmungen führten zu massiven Eingriffen in den Inhalt der Zeitung, die zudem wirtschaftlich unter der Zensur zu leiden hatte, da die Zahl der Abonnenten abnahm. Anderseits gab es immer wieder „Einbrüche in das rigide System", die darauf zurückzuführen sind, dass die Zensur „trotz der Zentralisierungstendenzen immer noch eine Sache der Einzelstaaten" war [ebd., 41 f.].

Der nachmärzliche Umgang der deutschen Einzelstaaten mit Pressefreiheit und Zensur hat bis vor kurzem keinen Schwerpunkt der Forschung gebildet. Auch die Pressepolitik des Deutschen Bundes ist bis vor wenigen Jahren nicht im Einzelnen untersucht worden. Erst durch die Arbeit von R. KOHNEN wurden die Entstehung, der Inhalt und die Auswirkungen des Bundespressebeschlusses von 1854 im Detail erforscht. Die wichtigsten Ergebnisse dieser Studie sind, dass es nicht zu einer Wiedereinführung der 1848 abgeschafften Zensur kam, sondern eine mittelbare Pressekontrolle durch staatlichen Konzessions- und Kautionszwang, die Pflicht zur Abgabe von Belegexemplaren, Beschränkungen des Postdebits, die Solidarhaftung von Verlegern und Redakteuren sowie Berufsverbote ausgeübt wurde. Flankiert wurde dieser „Zustand der zensurfreien Presseunfreiheit" [194: Pressepolitik des Deutschen Bundes, 186] von einer intensivierten staatlichen Len-

Margin notes:

Augsburger Allgemeine Zeitung

Medienrealität und Wirkungsgrad der Zensur

Nachmärzliche Pressepolitik

Mittelbare Pressekontrolle und staatliche Presselenkung

kung der Presse durch spezielle Presse- und Korrespondenzbüros sowie
die Subventionierung von regierungsfreundlichen Organen und Presse-
agenten. Dieser Übergang von einer bloß repressiven zu einer aktiv ge-
staltenden staatlichen Pressepolitik vollzog sich jedoch gänzlich außerhalb des Bundes, dem es weder gelang, die Protokolle der Bundesversammlung zu veröffentlichen, noch die sporadisch angeregte Gründung
eines eigenen Bundespresseorgans zu verwirklichen.

3.2 Bürokratie und Justiz

Der Deutsche Bund verfügte weder über eine eigene Bürokratie zur
Ausführung der Bundesbeschlüsse noch über eine Bundesgerichtsbarkeit [vgl. dazu: 118: F. JUGLER, Richterliche Gewalt des Deutschen Bundes; 119: H. MÜLLER-KINET, Die höchste Gerichtsbarkeit im deutschen
Staatenbund; 120: W. REAL, Von Bemühungen um die Errichtung eines
Bundesgerichts; 121: D. WYDUCKEL, Die Diskussion um die Einführung
eines Bundesgerichtes] zur zivil- oder strafrechtlichen Sanktionierung
des Bundesrechts. Er war somit bei der administrativen und gerichtli-
chen Durchsetzung der von der Bundesversammlung beschlossenen
repressiven Bestimmungen auf die Behörden der Einzelstaaten ange-
wiesen. Diese wiederum waren bei ihren Aktionen in erster Linie an die
verfassungsrechtlichen und gesetzlichen Bestimmungen des jeweiligen
Staates gebunden. Schon rein formal war es somit erforderlich, die in
Frankfurt gefassten Beschlüsse durch gesonderte Verordnungen und
Gesetze in jedem einzelnen Staat in Kraft zu setzen. Dies ging jedoch
längst nicht in allen Bundesstaaten reibungslos vonstatten. Widerstand
gegen die Übernahme der Bundesmaßregeln in Landesrecht gab es sowohl von Seiten der Regierungen, die um ihre partikulare Souveränität
besorgt waren, als auch von Seiten der Parlamente, die sich teilweise
auf konstitutionell verbürgte Rechte wie die Pressefreiheit berufen
konnten. Nicht selten kam es vor, dass Bundesbeschlüsse erst mit er-
heblicher Verzögerung in Kraft gesetzt wurden, einige Regierungen
ignorierten Beschlüsse des Bundes gänzlich.

> Fehlen einer eigenen Bürokratie und Gerichtsbarkeit

> Keine reibungslose Umsetzung der Bundesbeschlüsse in den Einzel-staaten

Diese Reibungsverluste sind in den bereits genannten einschlägi-
gen Studien zur Umsetzung der Bundesbeschlüsse in den Einzelstaaten
mit Blick auf die jeweils spezifischen Gegebenheiten thematisiert worden [vor allem: 182: M. M. ARNOLD, Pressefreiheit und Zensur; 199: G.
MANNES/J. WEBER, Zensur im Vormärz; 202: TH. OELSCHLÄGEL, Hochschulpolitik in Württemberg; 212: M. TREML, Bayerns Pressepolitik;
214: D. WESTERKAMP, Pressefreiheit und Zensur]. Ein Gesamtüberblick
über die administrative Umsetzung der Bundesreaktionsbeschlüsse und

die sich daraus ergebenden juristischen Verfahren fehlt jedoch. Eine solche Studie müsste neben den einzelstaatlichen Quellen auch die sehr reichhaltigen Protokolle [33: Protokolle der Deutschen Bundesversammlung 1816–1866] und Akten der Bundesversammlung auswerten, um die „Rückmeldungen" aus den Einzelstaaten an den Bund und die sich daraus ergebenden Verhandlungen zu erfassen. Zu prüfen wäre dabei insbesondere auch, welche Rolle die Reklamationskommission der Bundesversammlung spielte, an die sich Privatpersonen und Korporationen wegen Justizverweigerung oder Verletzung der ihnen durch die Bundesverfassung garantierten Rechte wenden konnten. Die Tätigkeit dieser Kommission, an die in den über vierzig Jahren ihres Bestehens hunderte von Eingaben gelangten, ist bislang nahezu vollkommen unbeachtet geblieben. Dabei hatte die Reklamationskommission durchaus Möglichkeiten, in einzelstaatliche Verhältnisse einzugreifen, wenn etwa einem Individuum grundlegende Rechte vorenthalten wurden. So setzte sich die Kommission etwa in den 1840er Jahren mit großem Nachdruck dafür ein, einem aus mehreren Staaten ausgewiesenen Handwerker das „Heimatrecht" zu gewähren, denn es ergebe sich aus der Bundesakte, „daß kein Deutscher rechtlos sey" [228: J. MÜLLER, Deutscher Bund und deutsche Nation, 526]. Ob an die Reklamationskommission im Zusammenhang mit der Durchführung der repressiven Maßregeln Beschwerden gerichtet wurden, bleibt noch zu klären. Darüber hinaus ist ihre Arbeit auch von allgemeinem Interesse für die Frage, ob und in welcher Weise sich der Bund um den Rechtsschutz in Deutschland gekümmert hat.

Reklamations-kommission

Die juristischen Folgen der Unterdrückungspolitik des Deutschen Bundes waren enorm. In dem halben Jahrhundert seines Bestehens wurden mehrere hundert Verfahren gegen Individuen und Gruppen geführt, die beschuldigt wurden, durch Publikationen, öffentliche Reden und politische Aktionen strafbare Handlungen gegen den Bund und die monarchische Ordnung in Deutschland begangen zu haben. Nur ein kleiner Teil dieser Prozesse – vornehmlich die in den 1830er Jahren gegen die Initiatoren des Hambacher Festes und die Teilnehmer am Frankfurter Wachensturm geführten Verfahren – ist näher untersucht worden [vgl. dazu vor allem: 191: L. F. ILSE, Geschichte der politischen Untersuchungen; 109: E. R. HUBER, Deutsche Verfassungsgeschichte, Bd. 2, 173 ff.]. Wenig bekannt ist insbesondere darüber, welche Strafprozesse sich in den 1850er Jahren wegen der Verstöße gegen die Bundesbeschlüsse zum Presserecht sowie zum Vereins- und Versammlungswesen ergaben. Hier wäre zunächst die Aufarbeitung der einzelstaatlichen Aktivitäten zu leisten, um auf dieser Grundlage einen Ge-

Juristische Umsetzung der Reaktion

Prozesse der 1830er Jahre

Forschungs-desiderate

samtüberblick über die juristische Tätigkeit zu gewinnen, die sich unmittelbar oder mittelbar aus der Reaktionspolitik des Deutschen Bundes ergab. Ein solcher Überblick könnte, ausgehend von einer systematischen quantitativen Bestandsaufnahme, neue Erkenntnisse über die qualitative Durchdringung der Repression und ihre geographische Gewichtung liefern. Schließlich könnte eine solche Analyse dazu beitragen, die konkrete Realität der Repression, deren normative Bestimmungen hinlänglich erforscht sind, plastischer zu konturieren.

3.3 Polizei und Militär

Im Laufe des 19. Jahrhunderts kam es in den deutschen Staaten zur schrittweisen Ausbildung, Organisierung und Institutionalisierung der modernen Polizei. Neben der Schutzpolizei und der Kriminalpolizei entstand eine politische Polizei, die sich der Überwachung und Verfolgung der politischen Opposition widmete. Der Auf- und Ausbau der geheimen politischen Polizeiapparate wurde, so hat es W. SIEMANN in einer Pionierstudie gezeigt, in der Zeit des Deutschen Bundes erheblich vorangetrieben [208: „Deutschlands Ruhe, Sicherheit und Ordnung"]. Wesentliche Impulse dazu gingen von der reaktionären Bundespolitik aus, die seit 1819/20 alle nationalen, liberalen, demokratischen, später auch die kommunistischen Bestrebungen als bundesfeindlich klassifizierte. In den 1830er Jahren wurde dann der neue Begriff des „politischen Verbrechens" in das Bundesrecht eingeführt. Erstmals tauchte er in den „Zehn Artikeln" vom 5. Juli 1832 auf, bundesrechtlich definiert wurde er schließlich im „Bundesbeschluß über Bestrafung von Vergehen gegen den Deutschen Bund und Auslieferung politischer Verbrecher auf deutschem Bundesgebiete" vom 18. August 1836. Als politisches Verbrechen galt demnach „jedes Unternehmen gegen die Existenz, die Integrität, die Sicherheit oder die Verfassung des Deutschen Bundes". Personen, die sich an derartigen Unternehmen beteiligten, waren als Hoch- oder Landesverräter zu bestrafen [18: E. R. HUBER, Dokumente, Bd. 1, 152].

Aus der Kriminalisierung der politischen Opposition durch den Deutschen Bund ergab sich unmittelbar ein enormer polizeilicher Ermittlungs-, Überwachungs- und Verfolgungsbedarf. Bei der institutionellen Ausbildung der politischen Polizei hingegen spielte der Bund nur eine geringe Rolle. Sowohl die Mainzer Zentraluntersuchungskommission als auch die Frankfurter Bundeszentralbehörde waren keine voll ausgebildeten Polizeiapparate. Ihr provisorischer Charakter zeigte sich im Übrigen daran, dass sie sich institutionell nicht verstetigen

Anfänge der politischen Polizei

Politische Verbrechen

Erhöhter Polizeibedarf

konnten, sondern nach jeweils neun Jahren von der Bundesversammlung suspendiert wurden.

Scheitern einer Bundespolizei Zur Etablierung einer zentralen Bundespolizei kam es während der gesamten Zeit des Deutschen Bundes nicht. Zwei Vorstöße, eine oberste Bundespolizeibehörde zu errichten – der erste 1836 von Baden, der zweite 1851 von Österreich und Preußen – scheiterten wesentlich **Partikulare Widerstände** am entschiedenen Widerstand Bayerns, das eine Einschränkung seiner staatlichen Souveränität durch eine derartige Bundesinstitution nicht hinnehmen wollte.

Die oben erwähnte Darstellung von W. Siemann [208] zeigt, dass sich die politische Polizei im Wesentlichen ohne direkte Beteiligung des Deutschen Bundes entwickelte. Es waren vor allem die größeren **Polizeiapparate der Einzelstaaten** deutschen Einzelstaaten, in denen teilweise schon vor der Wende zum 19. Jahrhundert die ersten Ansätze zur Begründung einer politischen Polizei zu verzeichnen waren. In Österreich, Preußen, Hannover, Bayern und Sachsen verdichteten sich im Zeitraum von etwa 1800 bis 1848 die Strukturen eines politischen Polizeiapparats, der dann in den 1850er Jahren kräftig ausgebaut wurde. In diesen Jahrzehnten entstanden auch **Polizeivereine** diverse Polizeivereine, in denen mehrere Einzelstaaten ihre polizeiliche Tätigkeit koordinierten und Informationen austauschten [26: Die Polizeikonferenzen deutscher Staaten; 40: W. Siemann, Der „Polizeiverein" deutscher Staaten; 208: Ders., „Deutschlands Ruhe, Sicherheit und Ordnung"; 192: J. Jäger, Die informelle Vernetzung politischer Polizei nach 1848]. Die Etablierung dieser Vereine dokumentiert das Bemühen, die fehlende bundespolitische Polizeikooperation zu kompensieren. Ihre meist nur geringe Lebensdauer zeigt indessen, dass es auch neben dem Deutschen Bund nicht möglich war, auf breiter Basis eine permanente, die Grenzen der Einzelstaaten überwindende polizeiliche Zusammenarbeit zu organisieren.

Kleinstaatliche Polizei Wenig bekannt ist darüber, wie sich in den kleineren Staaten die Polizeiapparate in der Zeit des Deutschen Bundes entwickelten. Die wenigen Studien zu einzelnen Kleinstaaten untersuchen den Gegenstand in der Regel aus rechts- und verwaltungsgeschichtlicher Sicht [vgl. etwa 207: E. Schäfer, Die Polizei im Herzogtum Nassau]. Die politische Funktion der Polizei im System der Repression wird dabei kaum thematisiert. Erst kürzlich ist der Zusammenhang von Polizei, Öffentlichkeit, politischer Kultur und Reaktion für die Berliner Polizei unter C. L. F. von Hinckeldey und die Polizeidirektion Hannover gründlich durchleuchtet worden [186: S. M. Eibich, Polizei, „Gemeinwohl" und Reaktion; 205: D. Riesener, Polizei und politische Kultur].

Die Konzentration der Polizeiforschung auf die größeren Staaten, insbesondere Preußen und Österreich, birgt die Gefahr in sich, die Möglichkeiten und das Durchdringungspotential der Polizei zu überschätzen. Wenn selbst die Polizeiapparate der Großmächte nach heutigen Maßstäben im 19. Jahrhundert nur bescheidene Ausmaße erreichten, so liegt die Vermutung nahe, dass in den zahlreichen deutschen Klein- und Kleinststaaten die Polizei institutionell wie personell nur rudimentär ausgebildet war. Für diese Hypothese sprechen zwei Indizien: Zum einen bildeten gerade die Kleinstaaten wie die thüringischen Fürstentümer oder die freien Städte Hamburg, Bremen und Frankfurt Nischen, in denen sich vor allem die radikale politische Opposition einem geringeren Verfolgungsdruck ausgesetzt sah. Zum anderen wurden in den kleinen Territorien wiederholt militärische Kontingente des Bundes eingesetzt, um Tumulte und Aufstände niederzuschlagen und die öffentliche Ruhe sicherzustellen.

Beschränkte Möglichkeiten der Polizei

Das Bundesheer war mithin ein Instrument, dessen sich die Bundesversammlung zur Durchführung repressiver Maßnahmen bediente. Diese Funktion ist allgemein bekannt, und die entsprechenden Einsätze von Bundestruppen werden in den allgemeinen Darstellungen behandelt. Erstaunlicherweise ist aber die innenpolitisch repressive Tätigkeit des Bundesheers bislang noch nicht umfassend und systematisch analysiert worden, weder im Hinblick auf ihre zeitliche Ausdehnung, noch im Hinblick auf die praktische Ausführung vor Ort, noch im Hinblick auf die politischen Implikationen. Die „innere Funktion des Bundesmilitärwesens" hat J. ANGELOW in einer groß angelegten Studie zum Bundesmilitär auf wenigen Seiten grob skizziert [122: Von Wien nach Königgrätz, 52–56], wobei er sich auf die rechtlichen Rahmenbedingungen beschränkte, wie sie bereits E. R. HUBER in seiner Deutschen Verfassungsgeschichte dargelegt hat [109: Bd. 1, 609–616, 631–640]. Ansonsten widmet sich ANGELOWS Darstellung fast ausschließlich der Sicherheitspolitik des Deutschen Bundes unter dem Aspekt des europäischen Gleichgewichts [vgl. auch 130: H. SEIER, Der Deutsche Bund als militärisches Sicherheitssystem]. Weiterhin hat sich die Spezialforschung zum Bundesmilitärwesen zumeist auf die Bundeskriegsverfassung, die organisatorischen Strukturen und die umstrittene Frage des Oberbefehls konzentriert [123: H. HELMERT, Militärsystem und Streitkräfte; 124: U. HENCKE, Die Heeresverfassung des Deutschen Bundes; 125: L. HÖBELT, Zur Militärpolitik des Deutschen Bundes; 127: M. KOTULLA, Die Entstehung der Kriegsverfassung des Deutschen Bundes; 128: W. PETTER, Deutscher Bund und deutsche Mittelstaaten; 129: W. SCHNABEL, Die Kriegs- und Finanzverfassung des Deutschen Bundes;

Das Bundesheer als Instrument der Repression

Bundesmilitärwesen

131: H. Seier, Zur Frage der militärischen Exekutive; 132: H. Seier, Der Oberbefehl im Bundesheer; 133: E. Wienhöfer, Das Militärwesen des Deutschen Bundes].

Wichtige Einblicke in die innere Struktur und die politische Bedeutung des Bundesmilitärwesens gewährt eine Untersuchung von W. Keul über die Bundesmilitärkommission [126]. Danach hatte dieses Gremium eine ausgeprägte militärpolitische Funktion. Die Kommission entfaltete eine unermüdliche Tätigkeit, wobei sie aber immer wieder durch die Rivalität der Großmächte und die partikularistischen Interessen der Mittel- und Kleinstaaten gehemmt wurde. Letztere waren bestrebt, so das Resultat von Keul, eine starke militärische Zentralgewalt „nach Kräften zu vermeiden" [ebd., 70], was ihnen auch gelang. Die Folge war nach Keul eine „Untauglichkeit der Bundeskriegsverfassung" [ebd., 214], die in den europäischen Krisensituationen ein eigenständiges Handeln des Deutschen Bundes verhinderte.

Im Hinblick auf die innenpolitischen Aufgaben des Bundesmilitärs ergibt sich die Frage, ob auch hier die verfassungsrechtlichen und organisatorischen Strukturen des Bundesheers seine Rolle als Instrument der Reaktion beeinträchtigten. Die Beantwortung dieser Frage erfordert umfassende empirische Untersuchungen zu den diversen Einsätzen des Bundesheers im Innern Deutschlands. Neben den jeweils spezifischen militärpraktischen Aspekten wären dabei die strukturellen Möglichkeiten und Grenzen der militärischen Repression im Deutschen Bund auszuloten.

Bundesmilitärkommission

Möglichkeiten und Grenzen der militärischen Repression

4. Das Problem der Reform im Deutschen Bund

Bundesakte Als sich die Bevollmächtigten der deutschen Staaten im Juni 1815 auf die Bundesakte als Organisationsstatut des Deutschen Bundes einigten, gingen sie davon aus, dass dies lediglich die Grundlage für die weitere innere Ausbildung des Staatenbundes sein werde. Die Bundesakte selbst enthielt in Artikel 10 die Ankündigung, es werde das „erste Geschäft der Bundesversammlung" sein, die „organische Einrichtung (des Bundes) in Rücksicht auf seine auswärtigen, militärischen und inneren Verhältnisse" vorzunehmen. Wilhelm von Humboldt, der maßgeblich an der Ausarbeitung der Bundesakte beteiligte preußische Bevollmächtigte auf dem Wiener Kongress, sah die „Verbesserung und Erweiterung der Bundesacte in Absicht aller inneren Einrichtungen" als eine

Hauptaufgabe an, und der österreichische Präsidialgesandte Johann Rudolf Graf von Buol-Schauenstein eröffnete die Bundesversammlung mit der feierlichen Erklärung, es sei die Aufgabe der Gesandten, „das Gebäude des großen National-Bundes" zu vollenden.

„Nationalbund"

Die praktische Ausführung der einzelnen Artikel der Bundesakte, die Herbeiführung „gemeinnütziger Anordnungen", ferner die Schaffung zusätzlicher Bundesinstitutionen wie etwa ein Bundesgericht waren mithin selbstgestellte Aufgaben, die einen Ausbau bzw. eine Reform der Bundesverfassung implizierten. Die in dieser Richtung entfalteten Bemühungen der Bundesversammlung waren jedoch sporadisch und führten während der gesamten Dauer des Bundes nicht zu einem wirklichen Erfolg. Dies ist gewiss ein wesentlicher Grund dafür, dass die Forschung dem Thema der Bundesreform sehr geringe Aufmerksamkeit geschenkt hat. Erst seit den späten 1980er Jahren mehren sich die Stimmen, die dem Deutschen Bund, wie es H. SEIER ausgedrückt hat, eine „Entwicklungsfähigkeit und Entwicklungswilligkeit" zubilligen [153: Der Bundestag und die deutsche Einheit, 63]. Diese Formulierung bezieht sich insbesondere auf die Zeit von 1816 bis 1818, doch taucht das Thema der Bundesreform in den nachfolgenden Jahrzehnten immer wieder auf, wie allein schon die zahlreichen Reformpläne und -anträge zeigen, die unter anderem von liberalen Abgeordneten wie C. Th. Welcker, H. von Gagern oder F. D. Bassermann, von politischen Publizisten wie W. F. Schultz, K. Biedermann und J. Fröbel, von Diplomaten und Ministern wie F. L. K. von Blittersdorff, J. M. von Radowitz, C. F. von Bothmer, J. G. von Nostitz und F. F. von Beust, von Monarchen wie Herzog Ernst II. von Sachsen-Coburg und Gotha oder Herzog Bernhard von Sachsen-Meiningen vorgelegt wurden. Nur wenige dieser Initiativen sind eingehend erforscht worden, wobei in der Regel eine Perspektive gewählt wurde, die nicht so sehr den Bund als vielmehr den jeweiligen Einzelstaat oder die Person im Blick hat [95: E. SCHEEBEN, Ernst II., Herzog von Sachsen-Coburg und Gotha; 101: P. HASSEL, Joseph Maria von Radowitz; 102: F. MEINECKE, Radowitz und die deutsche Revolution; 255: K. BÖRNER, Julius Fröbel und das österreichische Bundesreformprojekt; 307: W. VON HIPPEL, Friedrich Landolin Karl von Blittersdorff]. Hierin dürfte auch eine Erklärung für die merkwürdige Tatsache liegen, dass ausgerechnet die angeblichen Bundesreformpläne Bismarcks, bei denen es gerade nicht um die Reform des Bundes, sondern um seine Beseitigung ging, in zwei Monographien detailliert untersucht wurden [262: A. KAERNBACH, Bismarcks Konzepte zur Reform des Deutschen Bundes; 264: W. KRONENBERG, Bismarcks Bundesreformprojekte].

Entwicklungsfähigkeit des Bundes

Reformpläne

Bismarcks Reformpläne

Trias   Die vergleichsweise wenigen Arbeiten, die sich jenseits der rein personalen oder biographischen Ebene näher mit den Reformansätzen und Reformideen im Deutschen Bund beschäftigt haben, stellten zumeist das Konzept der so genannten „Trias" in den Mittelpunkt. Mit diesem Begriff, den schon die Zeitgenossen verwandten, ist „das in einer Einheit zusammengefaßte, relative Selbständigkeit besitzende ‚Dritte Deutschland'" gemeint [237: P. BURG, Die deutsche Trias, 1]. Im Deutschen Bund wurde der Triasgedanke vor allem von Seiten der Mittelstaaten   Mittelstaaten in den ersten Jahren von 1816 bis 1823 und dann wieder seit 1851 aufgegriffen. Die Initiative lag in der ersten Phase bei den Bundestagsgesandten von Bayern [236: K. O. FRHR. VON ARETIN, Der Triasgedanke in Bayern] und Württemberg [235: C. ALBRECHT, Die Triaspolitik des Freiherrn Karl August von Wangenheim]. Im Nachmärz unternahm der sächsische Minister Beust diverse Anläufe zu einem Zusammenschluss der „reindeutschen" Staaten zu einer dritten Gruppe neben den beiden Großmächten im Deutschen Bund [die älteren Forschungen von M. DAERR (257: Beust und die Bundesreformpläne) und H. H. THUMANN (270: Beusts Plan zur Reform des Deutschen Bundes) sind jetzt überholt durch 258: J. FLÖTER, Beust und die Reform des Deutschen Bundes; ferner: 259: DERS., Föderalismus als nationales Bedürfnis; 265: J. MÜLLER, Reform statt Revolution]. Gemeinsamer Nenner der unzähligen Triaspläne, die im Einzelnen stark variierten, war die Vorstellung einer Einigung des konstitutionellen Deutschland, dem eine Art Vermittlerrolle im Dualismus der beiden Großmächte Österreich und Preußen zugedacht war. Im Hinblick auf die innere Struktur des Deutschen Bundes strebten viele Triasprojekte eine institutionelle Verankerung des „Dritten Deutschland" etwa in der Bundesexekutive, der militärischen Organisation des Bundes und – vor allem in der Zeit nach 1850 – in einer Volksvertretung beim Deutschen Bund an, die sich zu je einem Drittel aus Abgeordneten Österreichs, Preußens und der übrigen deutschen Staaten zusammensetzen sollte. Die Verfechter der Trias und der Bundesreform sahen die Hinzuziehung von Abgeordneten oder Delegierten aus den einzelstaatlichen Parlamenten als eine Chance, den inneren Ausbau des Bundes durch allgemeine Gesetze voranzutreiben und auf diese Weise dem Staatenbund eine erhöhte Legitimität zu verschaffen.

Grenzen der Trias   Die Realisierungschancen der Trias werden in der Forschung sehr skeptisch eingeschätzt. P. BURG, der in seiner umfassenden, die gesamte ältere Forschung resümierenden und ersetzenden Darstellung die Triasidee „als ein wünschbares, der deutschen Geschichte angemessenes Ziel" bezeichnete, musste einräumen, dass die Verwirklichung „unter den gegebenen machtpolitischen Bedingungen nicht erfolgen konnte". Die Trias blieb weitgehend „Idee" und wurde nicht „Wirklichkeit". Gleichwohl hatte die Triaspolitik eine wichtige Bedeutung für die innere Bundespolitik. Sie schärfte den Blick für die „Qualität und Gestalt der Beziehungen zwischen den Großmächten und den Klein- und Mittelstaaten" und bildete ein „Medium, in dem die politischen Strukturen der Zeit eingefangen, gespiegelt und erkennbar" wurden [237: P. BURG, Die deutsche Trias, 358 f.; ferner 239: DERS., Die Triaspolitik im Deutschen Bund]. Darüber hinaus bewirkten die Triaspläne eine intensive Auseinandersetzung auch der konservativen Regierungen mit den Problemen des Föderalismus und der nationalen Integration, und sie provozierten Gegenaktionen der Großmächte, die ihre faktische Doppelhegemonie über den Deutschen Bund aufrechterhalten wollten und deshalb einen dritten Machtfaktor innerhalb des Bundes nicht tolerierten.

Die treibenden Kräfte der Triaspolitik waren die größeren Mittelstaaten, allen voran Bayern, Württemberg und Sachsen. Die Forschung hat sich von daher sehr stark auf diese Staaten konzentriert, wenn es darum ging, Reformbestrebungen im Deutschen Bund nachzuspüren. Dass die Mittelstaaten, vornehmlich die durch ihre Virilstimmen im Bundestag auch statusmäßig herausgehobenen vier Königreiche (neben den eben Genannten noch Hannover), eine „besondere Rolle" im Deutschen Bund gespielt haben [256: O. BRANDT, Mittelstaatliche Politik im Deutschen Bund, 299], ist inzwischen weithin anerkannt. Gleichwohl mangelt es immer noch an Forschungen, die den von mittelstaatlicher Seite ausgehenden gestalterischen Impulsen zum inneren Ausbau des Bundes nachgehen. Die wenigen älteren Studien dazu beruhen auf einer relativ schmalen Quellenbasis und gelangen meist zu sehr skeptischen Schlussfolgerungen. Das lange Zeit umfangreichste Werk zur mittelstaatlichen Bundesreformpolitik in den 1850er Jahren kam zu dem Resultat, die „Krankheiten Deutschlands" seien unheilbare „organische Leiden", die Konstituierung des Dritten Deutschland in Form einer Koalition oder Trias „eine praktisch niemals durchzuführende Aufgabe" gewesen. Die Reformbestrebungen dokumentierten mithin die Unreformierbarkeit des Bundes, die „Ohnmacht" der Mittelstaaten und die „Schicksalsmächtigkeit des Bismarckschen Werkes" [260: W. P. FUCHS, Die deutschen Mittelstaaten und die Bundesreform, 187 f. u. III (Vorwort)]. Hervorgehoben wurden immer wieder auch die inneren Gegensätze und Eifersüchteleien der Mittelstaaten untereinander sowie ihr Festhalten an ihren Souveränitätsrechten [261: F. GREVE, Die Politik der deutschen Mittelstaaten; 304: K. GRIEWANK, Württemberg und die

Besondere Rolle
der Mittelstaaten

Mittelstaatliche
Reformpolitik

deutsche Politik; 308: S. MEIBOOM, Studien zur deutschen Politik Bayerns].

Personalisierung

Diese in den 1930er Jahren erschienenen Arbeiten haben zudem eine starke Tendenz zur Personalisierung, indem der Eigensinn und die Profilierungssucht leitender mittelstaatlicher Minister – genannt werden vor allem Beust und von der Pfordten – für das Debakel der Trias verantwortlich gemacht werden.

Schlüsselstellung Bayerns

Gründlich hat sich S. MEIBOOM mit der Rolle Bayerns befasst, das als größter Mittelstaat eine „Schlüsselstellung" einnahm [308: Studien zur deutschen Politik Bayerns]. Er arbeitete heraus, dass die bayerische Regierung immer einen sehr starken Akzent auf ihre Unabhängigkeit legte und deshalb wenig geneigt war, sich in der Triaspolitik zu exponieren. Während die ältere Forschung dies mit der Unhaltbarkeit und Unausführbarkeit der Triaspläne entschuldigte, bescheinigte eine neuere Untersuchung der bayerischen Regierung eine „Überschätzung" ihrer Möglichkeiten zu einer eigenständigen Politik sowie ein mangelndes „Solidarisierungspotential" [302: H. GLASER, Zwischen Großmächten und Mittelstaaten, 162].

Partikularismus

Dass die partikularistische Selbstbehauptung der deutschen Einzelstaaten eine koordinierte, gemeinsame Politik im Deutschen Bund erheblich beeinträchtigte, ist ein gesicherter Befund, den viele Untersuchungen bestätigen. Die Wahrnehmung der jeweiligen einzelstaatlichen Belange und Interessen absorbierte in den Kontakten und Verhandlungen zwischen den Regierungen und der Bundesversammlung den weitaus größten Teil der politischen Energie [vgl. etwa: 298: K. O. FRHR. VON ARETIN, Die deutsche Politik Bayerns; 303: C. GOEBEL, Die Bundes- und Deutschlandpolitik Kurhessens; 309: I. SPANGENBERG, Hessen-Darmstadt und der Deutsche Bund; 310: G. S. WERNER, Bavaria in the German Federation].

Gleichwohl weist die jüngere Forschung dem Partikularismus der Mittel- und Kleinstaaten längst nicht mehr die überwiegende Verantwortung für das Versagen des Bundes bei der nationalen Integration zu. Die lange Zeit nachwirkende Kritik TREITSCHKES am „dynastischen Particularismus", der unter dem Schutz des Bundesrechts die nationale Einheit verhindert habe [86: Bundesstaat und Einheitsstaat], ist einer differenzierteren Betrachtung gewichen. So hat P. BURG geltend gemacht, dass der Weg des Deutschen Bundes in die Reformblockade nicht in erster Linie den Mittel- und Kleinstaaten angelastet werden

„Partikularismus der Großmächte"

könne, sondern dem „Partikularismus der Großmächte", die ihr dualistisches Hegemonialstreben über gesamtdeutsche Interessen stellten. Gerade dagegen habe sich die Politik der Mittelstaaten gewandt: „Sie bezweckten eine Stärkung des Dritten Deutschland aus eigener Kraft und in Weiterentwicklung des bestehenden Bundesrechts" [238: P. BURG, Die Staatenbeziehungen im Deutschen Bund, 353, 360].

Wie sehr die Entwicklung des Bundesrechts eine Domäne der Mittelstaaten war, spiegelt sich darin wider, dass alle vom Deutschen Bund initiierten Reformkonferenzen auf dem Territorium dieser Staaten abgehalten wurden. Die restaurative Wende der Bundespolitik 1819/20 wurde besiegelt im böhmischen Karlsbad und in der österreichischen Hauptstadt Wien, in der auch der Ausbau des Reaktionssystems 1832/34 stattfand. Über die Bundesreformprojekte und einheitliche Bundesgesetze beriet man in Dresden (1850/51), Nürnberg (1857–1861), Hannover (1862–1866) und am Sitz der Bundesversammlung in Frankfurt (1860–1865). Reform-
konferenzen

Diesen Reformkonferenzen hat die Forschung, abgesehen vom Frankfurter Fürstentag, lange Zeit nur geringe Aufmerksamkeit geschenkt. Zur Dresdener Konferenz von 1850/51, auf der ein umfassender Versuch zu einer weitreichenden Bundesreform unternommen wurde, gibt es einige Spezialstudien, die die Verhandlungen aus der Sicht einzelner Staaten und auf sehr eingeschränkter Materialgrundlage untersuchen [181: J. WEISKIRCHNER, Die Dresdener Konferenzen; 175: H. J. SCHOEPS, Von Olmütz nach Dresden; 170: W. MÖSSLE, Bayern auf den Dresdener Konferenzen; 174: W. F. SCHILL, Baden auf den Dresdener Konferenzen]. Alle diese Studien betonen mehr oder weniger stark die geringen Erfolgschancen der Dresdener Verhandlungen, die sich aus den machtpolitischen Gegensätzen ergeben hätten. Die von E. E. KRAEHE bereits 1948 in seiner unpublizierten Dissertation versuchte Revision dieses Bildes wurde von der Forschung weitgehend ignoriert. Dass mit der Dresdener Konferenz eine neue Ära der Bundesgeschichte [168: A History of the German Confederation, 103] einsetzte, konnte erst durch die kürzlich erfolgte Edition umfangreicher Aktenbestände einschließlich der vollständigen Konferenzprotokolle [34: Quellen zur Geschichte des Deutschen Bundes III/1] dokumentiert werden. Perspektiven für eine Neubewertung der Dresdener Verhandlungen, denen eine grundlegende Bedeutung für die gesamte nachmärzliche Reformdebatte beigemessen wird, zeigt ein kürzlich publizierter Sammelband auf [163: J. FLÖTER/G. WARTENBERG, Die Dresdener Konferenz]. Dresdener
Konferenz

Neue Ära der
Bundesgeschichte

Von den nachmärzlichen Bundesreformkonferenzen ist neben der Dresdener Konferenz nur der Frankfurter Fürstentag von 1863 monographisch untersucht worden. Nach zwei älteren Dissertationen von 1907 [166: H. H. HIRSCHBERG, Der Frankfurter Fürstentag] und 1929 [173: H. SCHELLER, Der Frankfurter Fürstentag] hat 1993 N. WEHNER ebenfalls in einer Dissertation eine minutiöse Schilderung des Ganges Frankfurter
Fürstentag der Beratungen auf breiter Quellenbasis vorgelegt. Die Darstellung folgt im Übrigen der herkömmlichen Betrachtungsweise, indem der Autor die Erfolgsaussichten des Fürstentags sehr gering einschätzt, während er das Reformpotential eher schwach ausleuchtet [180: Die deutschen Mittelstaaten auf dem Frankfurter Fürstentag].

Mittelstaatliche Konferenzen

Die Mittelstaaten initiierten nach 1850 mehrfach separate Konferenzen ohne Beteiligung der Großmächte, auf denen über Bundesreformen beraten wurde. Zu nennen sind hier das „Vierkönigsbündnis" vom 27. Februar 1850, die Darmstädter Vereinbarungen vom 6. April 1852, die Bamberger Konferenz vom 25.–30. Mai 1854 sowie die Würzburger Konferenzen vom 24.–27. November 1859, 20. Juli–5. August 1860 und vom 22. Mai 1861. Auch hier ist die Forschungslage fragmentarisch. Neben einer veralteten Dissertation über die Darmstädter Vereinbarungen [297: F. WERNER, Die Zollvereinspolitik der deutschen Mittelstaaten] liegen lediglich zwei Aufsätze vor, in denen auf die neue Intensität und Qualität der mittelstaatlichen Zusammenarbeit im Bund verwiesen wird [162: J. R. DAVIS, The Bamberg Conference; 165: W. D. GRUNER, Die Würzburger Konferenzen].

Beust

In ihrem Gesamtzusammenhang ist die mittelstaatliche Konferenz- und Koalitionspolitik der 1850er Jahre erstmals in der 2001 veröffentlichten Dissertation von J. FLÖTER dargestellt worden [258: Beust und die Reform des Deutschen Bundes]. Der Spiritus rector dieser Politik war der sächsische Außenminister Beust, dessen Person und Programm von FLÖTER erheblich positiver bewertet werden als in der bisherigen Forschung, die mit Ausnahme von H. RUMPLER [172: Die deutsche Politik des Freiherrn von Beust] ein sehr negatives Bild von Beust gezeichnet hat. FLÖTER korrigiert dieses von der zeitgenössischen „Anti-Beust-Propaganda" beeinflusste Urteil und zeigt den sächsischen Minister als einen unermüdlichen Vorkämpfer einer umfassenden, von den Mittelstaaten getragenen Bundesreform, die einerseits das großdeutsch-föderale System stärken sollte und andererseits dem Verlangen nach einer politisch geeinten Nation durch einen bundesstaatlich ausge-

„Bundesstaatlicher Föderalismus"

prägten Föderalismus entgegenkam. Ob sich die These vom „bundesstaatlichen Föderalismus" durchsetzen wird, bleibt abzuwarten. An der Ernsthaftigkeit des sächsisch-mittelstaatlichen Reformstrebens kann nach der Studie FLÖTERS aber kein Zweifel mehr bestehen. Viel spricht auch für die Einschätzung, dass der bundesreformpolitische Spielraum größer war, als man lange glaubte.

Welche Möglichkeiten zum inneren Ausbau des Bundes vorhanden waren, zeigen mehrere Langzeitkonferenzen, in denen auf Initiative der Bundesversammlung seit Mitte der 1850er Jahre über eine ganze Reihe von rechtsvereinheitlichenden Maßnahmen beraten und teilweise auch definitive Beschlüsse gefasst wurden. Die Verhandlungen der diversen Sachverständigenkommissionen sind dokumentiert [30: Protocolle der Commission zur Ausarbeitung eines allgemeinen deutschen Obligationenrechtes; 31: Protocolle der Commission zur Berathung einer allgemeinen Civilprozeßordnung; 32: Protokolle der Commission zur Berathung eines allgemeinen deutschen Handelsgesetz-Buches; 39: W. SCHUBERT, Verhandlungen über die Entwürfe eines Allgemeinen Deutschen Handelsgesetzbuches], die historiographischen Untersuchungen beschränken sich aber im Wesentlichen auf rechtshistorische Beiträge, die von der allgemeinen Forschung kaum rezipiert wurden [276: H. GETZ, Die deutsche Rechtseinheit im 19. Jahrhundert; 277: L. GIESEKE, Vom Privileg zum Urheberrecht; 285: F. LAUFKE, Der Deutsche Bund und die Zivilgesetzgebung; 286: G. MAYER, Württembergs Beitrag].

    Die meiste Aufmerksamkeit hat die Handelsgesetzgebung auf sich gezogen, die den einzigen wirklichen Erfolg der Rechtsvereinheitlichung im Deutschen Bund bildete. Schon 1862/1864 schilderte L. GOLDSCHMIDT ausführlich den Gang der Verhandlungen und den Inhalt des 1861 verabschiedeten Allgemeinen Deutschen Handelsgesetzbuchs [278: L. GOLDSCHMIDT, Der Abschluss und die Einführung des Allgemeinen Deutschen Handelsgesetzbuchs; 279: DERS., Handbuch des Handelsrechts, Bd. 1/1). Als wichtiges „Element der Bundesreform" ist die Handelsgesetzgebung erst am Ende des 20. Jahrhunderts entdeckt worden [289: H. RUMPLER, Das „Allgemeine Deutsche Handelsgesetzbuch"; ferner: 290: A. SCHNELLE, Bremen und die Entstehung des Allgemeinen Deutschen Handelsgesetzbuchs].

    Nahezu unbekannt, weil selbst in den neueren Handbüchern und Gesamtdarstellungen zur deutschen Geschichte des 19. Jahrhunderts nur selten erwähnt, sind die Initiativen des Bundes zur Kodifizierung des Urheberrechts, des Patentrechts, der Zivilprozessordnung, des Obligationenrechts sowie zur Einführung einer gleichförmigen Maß- und Gewichtsordnung für Deutschland. Diese und diverse andere rechtspolitische Materien wurden erstmals in einer 2005 publizierten Studie im Zusammenhang der gesamten Bundesreformpolitik als zukunftsweisende nationale Integrationsbemühungen interpretiert [228: J. MÜLLER, Deutscher Bund und deutsche Nation]. Die breit angelegte, auf der unter anderem vom Autor bearbeiteten Quellenedition zum Deutschen Bund [34: Quellen zur Geschichte des Deutschen Bundes] basierende Untersuchung nahm vor allem die Reformpolitik nach 1850 in den Blick, konnte aber darüber hinaus auch für die Zeit des Vormärz viele

Rechtsvereinheitlichung

Handelsgesetzbuch 1861

Rechtskodifikationen

Ansätze zur häufig mit nationalen Argumenten unterfütterten Rechtsharmonisierung im Deutschen Bund nachweisen. Zu den rechtspolitischen Bemühungen des Bundes während des Vormärz wie auch nach der Revolution hat im Übrigen seit den 1990er Jahren der Rechtshistoriker E. WADLE eine Reihe von Beiträgen vorgelegt, die vor allem das Urheberrecht betreffen [292; 293; 294; 295; 296].

Dass der Deutsche Bund mit seiner Rechtspolitik im Kontext jener politischen Bestrebungen steht, die seit dem Ende des 18. Jahrhunderts auf eine nationale Rechtskodifikation in Form eines „Deutschen Gesetzbuchs" (J. F. Reitemeier, 1800) bzw. eines „National-Gesetzbuchs" (A. F. J. Thibaut, 1814) abzielten, hat eine 2004 erschienene rechtshistorische Studie von C. SCHÖLER eindrucksvoll belegt [291: Deutsche Rechtseinheit]. Für die 1850er und 1860er Jahre identifiziert

Der Bund als Motor einer Nationalgesetzgebung

SCHÖLER den Deutschen Bund als „Motor einer Nationalgesetzgebung" [ebd., 299 ff.] und vertritt darüber hinaus wie J. MÜLLER [228: Deutscher Bund und deutsche Nation] die These, die Rechtsvereinheitlichung sei ein „Mittel der Bundesreform" gewesen [291: 308 ff.] Gerade darin liege, so SCHÖLER weiter, aber auch die Ursache für das Scheitern der Nationalgesetzgebung, denn Preußen sei an einer Bundesreform nicht interessiert gewesen und habe deshalb auch die Rechtsvereinheitlichung blockiert [ebd.].

Wenn auch die Bundesreform insgesamt gescheitert ist, zeigen die neueren Untersuchungen, dass der Deutsche Bund mannigfaltige Anstrengungen unternommen hat, die Instrumente, die das Bundesrecht bereithielt, für eine Politik der inneren Integration zu nutzen. Für die Rechtspolitik ist dies im Hinblick auf die nachmärzliche Zeit eindringlich belegt. Weniger gut untersucht ist in dieser Hinsicht der Vormärz. Aber auch hier sind noch manche interessante, das Bild der Bundespolitik ergänzende, wenn nicht gar modifizierende Erkenntnisse zu erwarten, wie die ungedruckte Diplomarbeit von G. ENSTHALER [274: Aspekte des Deutschen Bundes im Vormärz] und die Arbeit von L. BENTFELDT [135: Der Deutsche Bund als nationales Band] angedeutet haben.

Wirtschaftspolitik

Weitaus weniger positiv als die rechtspolitische muss die wirtschaftspolitische Tätigkeit des Bundes beurteilt werden. Die hier zu konstatierenden Versäumnisse in den ersten Jahren des Bundes, als es im Anschluss an Artikel 19 der Bundesakte durchaus Ansätze und Initiativen dazu gab, die handels- und wirtschaftspolitische Verantwortung des Bundes wahrzunehmen [139: L. F. ILSE, Geschichte der deutschen Bundesversammlung; 237: P. BURG, Die deutsche Trias, 271–353; 281: H.-W. HAHN, Geschichte des Deutschen Zollvereins, 28–32], kamen einer „Preisgabe der handelspolitischen Bundeskompetenz" gleich [282: H.-W. HAHN, Mitteleuropäische oder kleindeutsche Wirtschaftsordnung, 188 ff.]. Diese Preisgabe wurde irreversibel durch die unter preußischer Regie erfolgende Gründung des Deutschen Zollvereins von 1834, durch die der Deutsche Bund handels- und zollpolitisch gespalten wurde. Der so entstandene wirtschaftliche „Nebenbund" im Bund [ebd., 195] sicherte Preußen eine ökonomische Vormachtstellung, die nach 1850 auch politisch ausgenutzt wurde, um für eine kleindeutsche Lösung der deutschen Frage zu werben. Der auf der Dresdener Konferenz 1851 unternommene Versuch der Mittelstaaten und Österreichs, eine allgemeine deutsche Zoll- und Handelsunion auf Bundesebene zu initiieren, scheiterte am energischen preußischen Widerstand. Die „Chance für einen handelspolitischen Neubeginn" war nach 1848/50 in Deutschland sehr gering, so das Resümee von H.-W. HAHN, der allerdings hinzufügt, dass durch die handelspolitischen Weichenstellungen des Vormärz noch keine Vorentscheidung über die künftige politische Ordnung gefallen war [280: Die Dresdener Konferenz, 238]. Die Forschungen HAHNS korrigieren somit die ältere Forschung, die überwiegend davon ausging, dass der Sieg Preußens im Kampf um die wirtschaftliche Vorherrschaft in Deutschland in politischer Hinsicht kaum eine andere als die kleindeutsch-preußische Lösung der deutschen Frage zugelassen habe.

> Deutscher Zollverein

> Deutsche Zoll- und Handelsunion

Die Erkenntnis, dass der Deutsche Bund im „Entscheidungskampf" um die ökonomische Vorherrschaft in Deutschland [275: E. FRANZ, Der Entscheidungskampf um die wirtschaftspolitische Führung Deutschlands; 272: H. BÖHME, Deutschlands Weg zur Großmacht; 287: A. MEYER, Der Zollverein und die deutsche Politik Bismarcks] nur eine marginale Rolle spielte, hat im Übrigen dazu geführt, dass seine wirtschaftspolitischen Aktivitäten fast gänzlich unbeachtet geblieben sind. Hier liegt ein weiteres Desiderat der Bundesforschung, das noch einer Aufarbeitung harrt.

Als Fazit bleibt zweierlei festzuhalten: Zum einen setzt eine weiterführende wissenschaftliche Beschäftigung mit der Bundesreform die fortschreitende Erschließung neuer bzw. bislang unbeachteter Quellenbestände sowie die Aufarbeitung zahlreicher Desiderate – wie etwa des öffentlichen Reformdrucks, der durch die in der Presse, der Publizistik und den frühen Interessenverbänden geführte Diskussion entfacht wurde – durch Spezialuntersuchungen voraus. Vor allem für die vormärzliche Zeit, speziell die ersten Jahre des Bundes bis 1819/20, die Jahre von 1830–1834 und die 1840er Jahre bis zur Revolution sind hier neue Erkenntnisse zu erwarten.

> Forschungsdesiderate

Zum zweiten muss die künftige Forschung das Problem der Bundesreform in einem viel weiteren Rahmen erörtern, als es bislang meist üblich war. Die Bundesreform war weder eine reine Verfassungsdebatte fern der politischen Praxis, noch war sie ein bloßes Mittel im Machtkampf zwischen Österreich und Preußen [so der Tenor der meisten älteren Darstellungen, siehe speziell: 169: A. O. MEYER, Bismarcks Kampf mit Österreich am Bundestag; 164: H. FRIEDJUNG, Der Kampf um die Vorherrschaft in Deutschland]. Die Bundesreform war vielmehr ein während der gesamten Bundesgeschichte latent vorhandenes zentrales Thema der inneren Bundespolitik, das seinen Ursprung in der Bundesakte und den im Zuge der Bundesgründung artikulierten nationalen Erwartungen und Bedürfnissen hatte.

Weiterer Rahmen
der Bundesreform

5. Die Nationalisierung der Bundespolitik

Die lange Zeit ignorierte oder unterschätzte Funktion des Deutschen Bundes als „nationales Band" [135: L. BENTFELDT, Der Deutsche Bund als nationales Band; 218: W. D. GRUNER, Der Deutsche Bund als Band der deutschen Nation] hat seit den 1990er Jahren in vielen Darstellungen zur deutschen Geschichte des 19. Jahrhunderts eine positivere Einschätzung erfahren. Wenn auch für die tatsächliche Erfüllung dieses Anspruchs bislang kaum gesicherte Erkenntnisse herangezogen werden können, so ist doch des öfteren davon die Rede, dass der Deutsche Bund eine „„nationale' Dachorganisation" war [63: O. DANN, Nation und Nationalismus, 80] und „Bundespolitik immer auch ein Stück gesamtdeutscher Innenpolitik darstellte" [62: H.-H. BRANDT, Deutsche Geschichte, 52].

Der Deutsche
Bund als
„nationales Band"

Spezielle Forschungen zum nationalen Anspruch des Deutschen Bundes oder gar zu einer konkreten nationalintegrativen Politik des Bundes sind selten. Die in den Quellen immer wieder auftauchenden Forderungen, die Bundespolitik an den nationalen Bedürfnissen auszurichten und durch praktische Maßnahmen die Einheit der Nation zu fördern, sind meist als folgenlose Lippenbekenntnisse abgetan worden. Es ist gewiss zutreffend, dass der Bund zur nationalen Einigung letztlich wenig beigetragen hat. Gleichwohl waren sich viele deutsche Minister und Diplomaten der Tatsache bewusst, dass die Existenz des Bundes auf Dauer nicht allein durch Repression sicherzustellen war, sondern auch davon abhing, ob er Positives für die deutsche Nation bewirken konnte.

National-
integrative
Bundespolitik

Der nationale Anspruch an den Deutschen Bund wurde mehrfach durch außenpolitische Krisen in das Zentrum der politischen Debatte gerückt. So führte der allgemeine Nationalisierungsschub im Zuge der Rheinkrise von 1840/41 dazu, dass neben der sicherheitspolitischen Funktion des Bundes nach außen hin auch die innenpolitische Aufgabe „einer aktiven Gestaltung der deutschen Einheit" diskutiert wurde. I. VEIT-BRAUSE hat auf diesen Zusammenhang in einer Studie über die Rheinkrise aufmerksam gemacht und gezeigt, wie die Bundesreformdiskussion der 1840er Jahre wichtige Impulse von der außenpolitischen Bedrohung Deutschlands erhielt. Die Befriedigung des „Nationalgefühls", die Belebung und Stärkung des Bundes, die Schaffung „nationaler Institutionen" waren Schlagworte, die in den Bundesreformplänen von Blittersdorff und Radowitz auftauchten [154: Die deutsch-französische Krise, 70–77].

Nationalisierungs-schub 1840

Bundesreform-diskussion der 1840er Jahre

Ganz ähnlich lösten in den 1850er Jahren die Krimkriegskrise und der Italienische Krieg auf Bundes- und Regierungsebene wie in der Öffentlichkeit intensive Debatten über die notwendige Reform des Bundes im nationalen Sinne aus. Zu dieser Zeit sei die nationale Einheit als Zielperspektive endgültig zur Messlatte für die innere Bundespolitik geworden, lautet eine der zentralen Thesen von J. MÜLLER in seiner Studie über die Bundespolitik zwischen 1848 und 1866 [228]. Mit der Revolution von 1848 sei der Deutsche Bund unwiderruflich in den Sog der nationalen Idee geraten, dem er sich auch nach seiner Wiederherstellung 1850/51 nicht mehr habe entziehen können. Unter dem Druck der Revolution hatte sich die Bundesversammlung am 1. März 1848 „als das gesetzliche Organ der nationalen und politischen Einheit Deutschlands" bezeichnet und angekündigt, „für die Förderung der nationalen Interessen und des nationalen Lebens im Innern" [13: H. FENSKE, Quellen zur Deutschen Revolution, 46 f.] zu sorgen. Von diesem Anspruch, so J. MÜLLER, konnte die Bundesversammlung auch nach dem Sieg der Gegenrevolution nicht mehr abgehen. Zwar wurden die häufig beschworenen nationalen Bedürfnisse und Interessen von Bundesseite niemals klar definiert, was angesichts der politischen Divergenzen zwischen den einzelnen Bundesstaaten auch gar nicht möglich war. Aber die gerechtfertigten „Wünsche der Nation", wie es in den Einladungen zur Dresdener Konferenz 1850 hieß, wurden fortan zur Legitimationsgrundlage und zum obersten Maßstab deutscher (Bundes-)Politik. Für den Deutschen Bund ergab sich daraus die Notwendigkeit, fortwährend seinen Nutzen für das Wohl der Nation zu demonstrieren, da er andernfalls sofort als Hemmnis einer gedeihlichen nationalen Entwicklung kritisiert wurde.

Reform des Bundes im nationalen Sinne

„Das gesetzliche Organ der nationalen und politischen Einheit Deutschlands"

Entscheidend für die deutliche Tendenz zur Nationalisierung der Bundespolitik – zumindest dem Anspruch nach – war die Tatsache, dass sich die große Mehrzahl der deutschen Regierungen selbst zur nationalen Funktion des Bundes bekannte. Aus der Erfahrung der Revolution zogen sie die Konsequenz, sich bundespolitisch nicht mehr ausschließlich auf die unmittelbaren Bundeszwecke – die Erhaltung der äußeren und inneren Sicherheit Deutschlands sowie die Unabhängigkeit der einzelnen deutschen Staaten – zu beschränken. Statt, wie im Vormärz, das Verlangen nach nationaler Einigung abzublocken, wollten viele Regierungen den Bund nach 1850 als einen Motor der inneren Vereinheitlichung in Deutschland verstanden wissen. Dahinter standen mehrere Motive. Ein wichtiger Beweggrund war die Absicht, durch eine nationale Bundespolitik die Wiederkehr revolutionärer Bestrebungen zu verhindern. Damit eng verbunden war das Ziel, den Bestand der deutschen Einzelstaaten und des Deutschen Bundes zu sichern. Nationale Bundespolitik war in diesem Sinne auch ein Element zur Stabilisierung der staatenbündischen, föderativen Ordnung und zur Verhinderung einer bundesstaatlich organisierten Nation, in der die Einzelstaaten ihre Souveränität verloren hätten. Andererseits erblickten jene, die einen Bund mit nationalen Funktionen wollten, darin auch eine der deutschen föderativen Tradition angemessenere politische Ordnung als im Nationalstaat. Und schließlich setzten viele mittel- und kleinstaatliche Politiker ihre Hoffnung darauf, in einen nationalen Bund beide deutsche Großmächte integrieren zu können und damit die Frage nach der deutschen Führungsmacht, die sich bei einer nationalstaatlichen Form unweigerlich stellen musste, zu umgehen. Die nationale Ausgestaltung des Deutschen Bundes schien somit die Chance zu bieten, die deutsche Frage friedlich zu lösen – ohne Revolution und ohne Entscheidungskrieg um die Vorherrschaft in Deutschland.

Ob der nach 1850 innerhalb wie außerhalb des Deutschen Bundes geführte intensive nationale Diskurs mehr als bloße Rhetorik war, können nur weitere Forschungen zum Verhältnis zwischen Bundespolitik und innerer Nationsbildung zeigen. Dabei muss neben der politisch-konstitutionellen Organisation der nationalen Einheit vor allem auch die rechtliche und kulturelle Nationsbildung stärker als bisher in den Blick genommen werden.

Marginalien:

Nationale Funktion des Bundes

Revolutionsprophylaxe

Stabilisierung der föderativen Ordnung

Integration der Großmächte

Bundespolitik als Nationsbildung?

III. Quellen und Literatur

Es gelten die Abkürzungen der Historischen Zeitschrift.

A. Quellen

1. Akteneditionen

1. Acte du Congrès de Vienne du 9 Juin 1815, avec ses Annexes. Edition Officielle et collationnée avec le texte de l'instrument déposé aux Archives de la Chancellerie de Cour et d'Etat. Vienne [o. J.].
2. H. ADLER (Hrsg.), Literarische Geheimberichte. Protokolle der Metternich-Agenten 1840–1848. 2 Bde. Köln 1977–1981.
3. L. K. AEGIDI (Hrsg.), Die Schluss-Acte der Wiener Ministerial-Conferenzen zur Ausbildung und Befestigung des deutschen Bundes. Urkunden, Geschichte und Commentar. 2 Bde. Berlin 1860/69.
4. Akten zur Geschichte des Krimkriegs. Hrsg. v. W. BAUMGART. Serie I: Österreichische Akten zur Geschichte des Krimkriegs. Bd. 1–3. Serie II: Preußische Akten zur Geschichte des Krimkriegs. Bd. 1–2. Serie III: Englische Akten zur Geschichte des Krimkriegs. Bd. 1–4. Serie IV: Französische Akten zur Geschichte des Krimkriegs. Bd. 1–3. München/Wien 1979–2001.
5. TH. BAUMS (Hrsg.), Entwurf eines allgemeinen Handelsgesetzbuches für Deutschland (1848/49). Text und Materialien. Heidelberg 1982.
6. A. BIEFANG (Bearb.), Der Deutsche Nationalverein 1859–1867. Vorstands- und Ausschußprotokolle. Düsseldorf 1995.
7. H. BÖHME (Hrsg.), Die Reichsgründung. München 1967.
8. H. BÖHME (Hrsg.), Vor 1866. Aktenstücke zur Wirtschaftspolitik der deutschen Mittelstaaten. Hamburg 1966.
9. H. BOLDT (Hrsg.), Reich und Länder. Texte zur deutschen Verfassungsgeschichte im 19. und 20. Jahrhundert. München 1987.
10. H. BRANDT (Hrsg.), Restauration und Frühliberalismus 1814–1840. Darmstadt 1979.

11. Corpus Juris Confoederationis Germanicae oder Staatsacten für Geschichte und öffentliches Recht des Deutschen Bundes. Nach officiellen Quellen hrsg. v. PH. A. G. VON MEYER. Ergänzt und bis auf die neueste Zeit fortgeführt v. H. ZOEPFL. 3 Bde. 3. Aufl. Frankfurt am Main 1858–1865.

12. E. DROSS (Hrsg.), Quellen zur Ära Metternich. Darmstadt 1999.

13. H. FENSKE (Hrsg.), Quellen zur deutschen Revolution 1848–1849. Darmstadt 1996.

14. H. FENSKE (Hrsg.), Vormärz und Revolution 1840–1849. Darmstadt 1976.

15. H. FENSKE (Hrsg.), Der Weg zur Reichsgründung. Darmstadt 1977.

16. R. GÖRISCH/TH. M. MAYER (Hrsg.), Untersuchungsberichte zur republikanischen Bewegung in Hessen 1831–1834. Frankfurt am Main 1981.

17. W. HARDTWIG/H. HINZE (Hrsg.), Vom Deutschen Bund zum Kaiserreich 1815–1871. Stuttgart 1997.

18. E. R. HUBER (Hrsg.), Dokumente zur deutschen Verfassungsgeschichte. Bd. 1: Deutsche Verfassungsdokumente 1803–1850. 3. Aufl. Stuttgart/Berlin/Köln/Mainz 1978. Bd. 2: Deutsche Verfassungsdokumente 1851–1900. 3. Aufl. Stuttgart/Berlin/Köln/Mainz 1986.

19. M. HUNDT (Hrsg.), Quellen zur kleinstaatlichen Verfassungspolitik auf dem Wiener Kongreß. Die mindermächtigen deutschen Staaten und die Entstehung des Deutschen Bundes 1813–1815. Hamburg 1996.

20. L. F. ILSE (Hrsg.), Protokolle der deutschen Ministerial-Conferenzen, gehalten zu Wien in den Jahren 1819 und 1820. Frankfurt am Main 1860.

21. CH. JANSEN (Bearb.), Nach der Revolution 1848/49: Verfolgung, Realpolitik, Nationsbildung. Politische Briefe deutscher Liberaler und Demokraten 1849–1861. Düsseldorf 2004.

22. J. L. KLÜBER (Hrsg.), Acten des Wiener Congresses in den Jahren 1814 und 1815. 9 Bde. Erlangen 1815–1819, Ndr. Osnabrück 1966.

23. J. L. KLÜBER (Hrsg.), Quellen-Sammlung zu dem Oeffentlichen Recht des Teutschen Bundes. 3. Aufl. Erlangen 1830.

24. J. L. KLÜBER, Wichtige Urkunden für den Rechtszustand der deutschen Nation – mit eigenhändigen Anmerkungen; aus dessen Papieren mitgeteilt und erläutert von K. Th. Welcker. Mannheim 1844, Ndr. Aalen 1977.

25. K. MÜLLER (Hrsg.), Quellen zur Geschichte des Wiener Kongresses 1814/15. Darmstadt 1986.

26. Die Polizeikonferenzen deutscher Staaten 1851–1866. Präliminardokumente, Protokolle und Anlagen. Eingel. u. bearb. v. F. BECK u. W. SCHMIDT. Weimar 1993.

27. H. RITTER VON POSCHINGER (Hrsg.), Preußen im Bundestag 1851 bis 1859. Documente der K. Preuß. Bundestags-Gesandtschaft. 4 Bde. Leipzig 1882–1885.

28. Preußens auswärtige Politik 1850–1858. Unveröffentlichte Dokumente aus dem Nachlasse des Ministerpräsidenten Otto Freiherrn von Manteuffel. Hrsg. v. H. RITTER VON POSCHINGER. Bd. 1–3. Berlin 1902.

29. Die auswärtige Politik Preußens 1858–1871. 10 Bde. Oldenburg 1933–1939.

30. Protocolle der Commission zur Ausarbeitung eines allgemeinen deutschen Obligationenrechtes. Eingeleitet und neu hrsg. v. W. SCHUBERT. 6 Bde. Frankfurt am Main 1984, Ndr. der Ausgabe Dresden 1863–1866.

31. Protocolle der Commission zur Berathung einer allgemeinen Civilprozeßordnung für die deutschen Bundesstaaten. Eingeleitet und neu hrsg. v. W. SCHUBERT. 18 Bde. Frankfurt am Main 1985, Ndr. der Ausgabe Hannover 1862–1866.

32. Protokolle der Commission zur Berathung eines allgemeinen deutschen Handelsgesetz-Buches. Eingeleitet und neu hrsg. v. W. SCHUBERT. 11 Bde. Frankfurt am Main 1984, Ndr. der Ausgaben Nürnberg 1857–1861 bzw. 1858–1863.

33. Protokolle der Deutschen Bundesversammlung 1816–1866.

34. Quellen zur Geschichte des Deutschen Bundes. Für die Historische Kommission bei der Bayerischen Akademie der Wissenschaften hrsg. v. L. GALL.
Abt. I: Quellen zur Entstehung und Frühgeschichte des Deutschen Bundes 1813–1830. Bd. 1: Die Entstehung des Deutschen Bundes 1813–1815. Bearb. v. E. TREICHEL. München 2000.
Abt. II: Quellen zur Geschichte des Deutschen Bundes 1830–1848. Bd. 1: Reformpläne und Repressionspolitik 1830–1834. Bearb. v. R. ZERBACK. München 2003.
Abt. III: Quellen zur Geschichte des Deutschen Bundes 1850–1866. Bd. 1: Die Dresdener Konferenz und die Wiederherstellung des Deutschen Bundes 1850/51. Bearb. v. J. MÜLLER. München 1996. Bd. 2: Der Deutsche Bund zwischen Reaktion und Reform 1851–1858. Bearb. v. J. MÜLLER. München 1998.

35. W. REAL (Hrsg.), Das Großherzogtum Baden zwischen Revolution und Restauration 1849–1851. Die Deutsche Frage und die Ereignisse in Baden im Spiegel der Briefe und Aktenstücke aus dem Nachlaß des preußischen Diplomaten Karl Friedrich von Savigny. Stuttgart 1983.

36. P. ROTH/H. MERCK (Hrsg.), Quellensammlung zum deutschen öffentlichen Recht seit 1848. 2 Bde. Erlangen 1850–1852.

37. C. VON ROTTECK/C. WELCKER, Das Staats-Lexikon oder Encyklopädie der sämtlichen Staatswissenschaften. 15 Bde. Altona 1834–1843.

38. H. TH. SCHLETTER, Handbuch der deutschen Preß-Gesetzgebung. Sammlung der gesetzlichen Bestimmungen über das literarische Eigentum und die Presse in allen deutschen Bundesstaaten, nebst geschichtlicher Einleitung. Leipzig 1846.

39. W. SCHUBERT (Hrsg.), Verhandlungen über die Entwürfe eines Allgemeinen Deutschen Handelsgesetzbuches und eines Einführungs-Gesetzes zu demselben in beiden Häusern des preußischen Landtages im Jahre 1861. Frankfurt am Main 1986, Ndr. der Ausgabe Berlin 1861.

40. W. SIEMANN (Hrsg.), Der „Polizeiverein" deutscher Staaten. Eine Dokumentation zur Überwachung der Öffentlichkeit nach der Revolution von 1848/49. Tübingen 1983.

41. H. VON SRBIK (Hrsg.), Quellen zur deutschen Politik Österreichs 1859 bis 1866. 5 Bde. Oldenburg 1934–1938.

42. Verhandlungen der Commission zur Berathung eines allgemeinen Deutschen Handelsgesetzbuches, die in den deutschen Bundesstaaten in bürgerlichen Rechtsstreitigkeiten gegenseitig zu gewährende Rechtshülfe betreffend. Nürnberg 1861.

43. H. A. ZACHARIÄ (Hrsg.), Die deutschen Verfassungsgesetze der Gegenwart einschließlich der Grundgesetze des deutschen Bundes und der das Verfassungsrecht der Einzelstaaten direct betreffenden Bundesbeschlüsse. Göttingen 1855.

44. E. ZIEGLER, Literarische Zensur in Deutschland 1819–1848. Materialien, Kommentare. München/Wien 1983.

2. *Persönliche Quellen*

45. F. F. GRAF VON BEUST, Aus drei Viertel-Jahrhunderten. Erinnerungen und Aufzeichnungen. 2 Bde. Stuttgart 1887.

46. O. FÜRST VON BISMARCK, Die gesammelten Werke. Hrsg. v. H. v. Petersdorff, F. Thimme, W. Frauendienst u. a. Bd. 1–15. Berlin 1924–1935.

47. O. VON BISMARCK, Werke in Auswahl. 8 Bde. Jahrhundertausgabe zum 23. September 1862. Hrsg. v. G. A. Rein u. a. Darmstadt 1962–1982.

48. [F. L. K. FREIHERR VON BLITTERSDORFF,] Einiges aus der Mappe des Freiherrn von Blittersdorff, vormaligen Großherzoglich Badischen Staatsministers und Bundestagsgesandten. Mainz 1849.

49. ERNST II. HERZOG VON SACHSEN-COBURG-GOTHA, Aus meinem Leben und aus meiner Zeit. 3 Bde. Berlin 1878–1889.

50. W. VON HUMBOLDT, Werke in fünf Bänden. Hrsg. v. A. Flitner u. K. Giel. 3. Aufl. Darmstadt 1982.

51. H. ONCKEN (Bearb.), Großherzog Friedrich I. von Baden und die deutsche Politik von 1854–1871. Briefwechsel, Denkschriften, Tagebücher. Hrsg. v. der Badischen Historischen Kommission. 2 Bde. Stuttgart/Berlin/Leipzig 1927.

52. J. v. RADOWITZ, Gesammelte Schriften. 5 Bde. Berlin 1852/53.

53. KARL FRIEDRICH VON SAVIGNY 1814–1875. Briefe, Akten, Aufzeichnungen aus dem Nachlaß eines preußischen Diplomaten der Reichsgründungszeit. Hrsg. v. W. Real. 2 Bde. Boppard 1981.

54. K. FREIHERR VOM STEIN, Briefe und amtliche Schriften. Bearb. v. E. Botzenhart. Neu hrsg. v. W. Hubatsch. Bd. 1–10. Stuttgart 1957–1974.

B. Literatur

1. Zur Forschungsgeschichte

55. H. BLEIBER, Der Deutsche Bund im Streit der Meinungen. Anmerkungen zum Erbe deutscher Mehrstaatlichkeit im 19. Jahrhundert, in: Wissenschaftliche Mitteilungen der Historiker-Gesellschaft der DDR, 1988, 2/3, 111–121.

56. H. BLEIBER, Der Deutsche Bund in der Geschichtsschreibung der DDR, in: HZ 248 (1989) 33–50.

57. F. FELLNER, Perspektiven für eine historiographische Neubewertung des Deutschen Bundes, in: 230, 21–30.

58. H. SEIER, Der Deutsche Bund als Forschungsproblem 1815 bis 1960, in: 230, 31–589.

59. E. TREICHEL/J. MÜLLER, Quellen zur Geschichte des Deutschen Bundes. Ein Forschungsprojekt der Historischen Kommission bei der Bayerischen Akademie der Wissenschaften, in: JbHistF, Berichtjahr 2000. München 2001, 27–37.

2. *Allgemeine Darstellungen*

60. K. O. FREIHERR VON ARETIN, Vom Deutschen Reich zum Deutschen Bund. Göttingen 1980.
61. E. BRANDENBURG, Die Reichsgründung. 2 Bde. Leipzig 1916.
62. H.-H. BRANDT, Deutsche Geschichte 1850–1870. Entscheidung über die Nation. Stuttgart 1999.
63. O. DANN, Nation und Nationalismus in Deutschland 1770–1990. München 1993.
64. A. DOERING-MANTEUFFEL, Die deutsche Frage und das europäische Staatensystem 1815–1871. München 1993, 2. Aufl. 2001.
65. E. FEHRENBACH, Vom Ancien Régime zum Wiener Kongreß. 4., überarb. Aufl. München 2001.
66. E. FEHRENBACH, Verfassungsstaat und Nationsbildung 1815–1871. München 1992.
67. L. GALL, Europa auf dem Weg in die Moderne 1850–1890. 4. Aufl. München 2003.
68. W. HARDTWIG, Vormärz. Der monarchische Staat und das Bürgertum. München 1985.
69. J. KOCKA, Das lange 19. Jahrhundert. Arbeit, Nation und bürgerliche Gesellschaft. Stuttgart 2001.
70. D. LANGEWIESCHE, Europa zwischen Restauration und Revolution 1815–1849. 4. Aufl. München 2004.
71. F. LENGER, Industrielle Revolution und Nationalstaatsgründung (1849–1870er Jahre). Stuttgart 2003.
72. H. LUTZ, Zwischen Habsburg und Preußen. Deutschland 1815–1866. Berlin 1985.
73. E. MARCKS, Der Aufstieg des Reiches. Deutsche Geschichte von 1807–1871/78. 2 Bde. Stuttgart/Berlin 1936.
74. W. J. MOMMSEN, Das Ringen um den nationalen Staat. Die Gründung und der innere Ausbau des Deutschen Reiches unter Otto von Bismarck 1850 bis 1890. Berlin 1993.
75. TH. NIPPERDEY, Deutsche Geschichte 1800–1866. Bürgerwelt und starker Staat. München 1983.
76. R. RÜRUP, Deutschland im 19. Jahrhundert 1815–1871. Göttingen 1984.
77. H. RUMPLER, Eine Chance für Mitteleuropa. Bürgerliche Emanzipation und Staatsverfall in der Habsburgermonarchie. Österreichische Geschichte 1804–1914. Wien 1997.
78. TH. SCHIEDER, Vom Deutschen Bund zum Deutschen Reich, in: Gebhardt. Handbuch der deutschen Geschichte. Hrsg. v. H. Grundmann. Bd. 3. 9. Aufl. Stuttgart 1970, 99–220.

79. TH. SCHIEDER, Staatensystem als Vormacht der Welt. 1848–1918. Frankfurt am Main/Berlin/Wien 1975.
80. F. SCHNABEL, Deutsche Geschichte im neunzehnten Jahrhundert. 4 Bde. Freiburg 1929–1935.
81. J. J. SHEEHAN, German History 1770–1866. Oxford 1989 (gekürzte deutsche Ausgabe: Der Ausklang des alten Reiches. Deutschland seit dem Ende des Siebenjährigen Krieges bis zur gescheiterten Revolution 1763–1850. Berlin 1994).
82. W. SIEMANN, Gesellschaft im Aufbruch. Deutschland 1849–1871. Frankfurt am Main 1990.
83. W. SIEMANN, Vom Staatenbund zum Nationalstaat. Deutschland 1806–1871. München 1995.
84. H. RITTER VON SRBIK, Deutsche Einheit. Idee und Wirklichkeit vom Heiligen Reich bis Königgrätz. 4 Bde. München 1935–1942, Ndr. Darmstadt 1963.
85. H. VON SYBEL, Die Begründung des Deutschen Reiches durch Wilhelm I. 7 Bde. München/Leipzig 1889–1894.
86. H. VON TREITSCHKE, Bundesstaat und Einheitsstaat [1864], in: Ders., Historische und Politische Aufsätze. Bd. 2: Die Einheitsbestrebungen zertheilter Völker. 6. Aufl. Leipzig 1903, 77–241.
87. H. VON TREITSCHKE, Deutsche Geschichte im Neunzehnten Jahrhundert. 5 Bde. Leipzig 1879–1894.
88. H.-U. WEHLER, Deutsche Gesellschaftsgeschichte. Bd. 2: Von der Reformära bis zur industriellen und politischen „Deutschen Doppelrevolution" 1815–1845/49. Bd. 3: Von der „Deutschen Doppelrevolution" bis zum Beginn des Ersten Weltkrieges 1849–1914. München 1987/1995.
89. E. WEIS, Der Durchbruch des Bürgertums 1776–1847. Frankfurt am Main/Berlin/Wien 1975.
90. H. A. WINKLER, Der lange Weg nach Westen. Bd. 1: Deutsche Geschichte vom Ende des Alten Reiches bis zum Untergang der Weimarer Republik. München 2000.
91. H. VON ZWIEDINECK-SÜDENHORST, Deutsche Geschichte von der Auflösung des alten bis zur Errichtung des neuen Kaiserreiches (1806–1871). 3 Bde. Stuttgart/Berlin 1897–1905.

3. Biographien

92. E. ENGELBERG, Bismarck. Urpreuße und Reichsgründer. Berlin 1985.

93. L. GALL, Bismarck. Der weiße Revolutionär. Frankfurt am Main/
    Berlin/Wien 1980.
94. O. PFLANZE, Bismarck. Der Reichsgründer. München 1997.
95. E. SCHEEBEN, Ernst II., Herzog von Sachsen-Coburg und Gotha.
    Studien zu Biographie und Weltbild eines liberalen deutschen
    Bundesfürsten in der Reichsgründungszeit. Frankfurt am Main/
    Berlin/New York/Paris 1987.
96. P. G. THIELEN, Karl August von Hardenberg 1750–1822. Eine Bio-
    graphie. Köln/Berlin 1967.
97. P. R. SWEET, Wilhelm von Humboldt. A Biography. 2 Vols. Co-
    lumbus 1978/80.
98. G. BERTIER DE SAUVIGNY, Metternich. Paris 1986.
99. H. RITTER VON SRBIK, Metternich, der Staatsmann und der Mensch.
    3 Bde. München 1925–1934.
100. E. FRANZ, Ludwig Freiherr von der Pfordten. München 1938.
101. P. HASSEL, Joseph Maria von Radowitz. Bd. 1: 1797–1848. Berlin
    1905.
102. F. MEINECKE, Radowitz und die deutsche Revolution. Berlin 1913.
103. S. LIPPERT, Felix Fürst zu Schwarzenberg. Eine politische Biogra-
    phie. Stuttgart 1998.
104. G. RITTER, Stein. Eine politische Biographie. 4. Aufl. Stuttgart
    1981.

4.   Verfassungsgeschichte

4.1   Allgemeine Darstellungen

105. H. BOLDT, Die Reichsverfassung vom 28. März 1849. Zur Bestim-
    mung ihres Standorts in der deutschen Verfassungsgeschichte, in:
    P. Bahners/G. Roellecke (Hrsg.), 1848 – Die Erfahrung der Frei-
    heit. Heidelberg 1998, 49–69.
106. M. BOTZENHART, Deutsche Verfassungsgeschichte 1806–1949.
    Stuttgart 1993.
107. H. BRANDT, Der lange Weg in die demokratische Moderne. Deut-
    sche Verfassungsgeschichte von 1800 bis 1945. Darmstadt 1998.
108. D. GRIMM, Deutsche Verfassungsgeschichte 1776–1866. Vom Be-
    ginn des modernen Verfassungsstaats bis zur Auflösung des Deut-
    schen Bundes. Frankfurt am Main 1988.
109. E. R. HUBER, Deutsche Verfassungsgeschichte seit 1789. Bd. 1:
    Reform und Restauration 1789–1830. 2. Aufl. Stuttgart/Berlin/
    Köln 1990; Bd. 2: Der Kampf um Einheit und Freiheit 1830 bis

1850. 3. Aufl. Stuttgart/Berlin/Köln/Mainz 1988; Bd. 3: Bismarck und das Reich. 3. Aufl. Stuttgart/Berlin/Köln/Mainz 1988.
110. K. G. A. JESERICH/H. POHL/G.-CH. VON UNRUH (Hrsg.), Deutsche
Verwaltungsgeschichte. Bd. 2: Vom Reichsdeputationshaupt-
schluß bis zur Auslösung des Deutschen Bundes. Stuttgart 1983.

4.2 Bundesverfassung und Bundesrecht

111. W. J. BEHR, Von den rechtlichen Grenzen der Einwirkung des
deutschen Bundes auf die Verfassung, Gesetzgebung und Rechts-
pflege seiner Glieder-Staaten. Ein staatsrechtliches Programm.
Würzburg 1820.
112. J. L. KLÜBER, Öffentliches Recht des Teutschen Bundes und der
Bundesstaaten, 4., verb. Aufl. Frankfurt am Main 1840 (1. Aufl.
1817).
113. W. MÖSSLE, Die Verfassungsautonomie der Mitgliedstaaten des
Deutschen Bundes nach der Wiener Schlußakte. Zur Entstehungsgeschichte der Artikel 54 bis 61 der WSA, in: Der Staat 25 (1994)
373–394.
114. E. RÖPER, Die Verfassung des Deutschen Bundes, in: GWU 28
(1977) 648–668.
115. F. W. TITTMANN, Darstellung der Verfassung des deutschen Bundes. Leipzig 1818.
116. H. A. ZACHARIÄ, Deutsches Staats- und Bundesrecht. 2 Bde.
2. Aufl. Göttingen 1853/54 (1. Aufl. 1841–1845).
117. H. ZOEPFL, Grundsätze des gemeinen deutschen Staatsrechts, mit
besonderer Rücksicht auf das Allgemeine Staatsrecht und auf die
neuesten Zeitverhältnisse. 2 Bde. 5. Aufl. Leipzig/Heidelberg
1863, Ndr. Frankfurt am Main 1975 (1. Aufl. Heidelberg 1841
u. d. T.: Grundzüge des allgemeinen und deutschen Staatsrechts).

4.3 Bundesgericht

118. F. JUGLER, Entstehungsgeschichte, Bereich und Organisation der
richterlichen Gewalt des früheren Deutschen Bundes. Diss. Marburg 1904.
119. H. MÜLLER-KINET, Die höchste Gerichtsbarkeit im deutschen
Staatenbund 1806–1866. Frankfurt am Main 1975.
120. W. REAL, Von Bemühungen um die Errichtung eines Bundesgerichts zur Zeit des Wiener Kongresses, in: ZGO, N.F. 49 (1935)
214–228.
121. D. WYDUCKEL, Die Diskussion um die Einführung eines Bundes-
gerichtes beim Deutschen Bund, in: 163, 193–217.

4.4 Bundeskriegsverfassung, Bundesarmee und Sicherheitspolitik

122. J. ANGELOW, Von Wien nach Königgrätz. Die Sicherheitspolitik des Deutschen Bundes im europäischen Gleichgewicht 1815–1866. München 1996.

123. H. HELMERT, Militärsystem und Streitkräfte im Deutschen Bund am Vorabend des preußisch-österreichischen Krieges von 1866. Berlin 1964.

124. U. HENCKE, Die Heeresverfassung des Deutschen Bundes und die Reformpläne in den Sechzigerjahren. Ein Beitrag zur Verfassungsgeschichte des neunzehnten Jahrhunderts. Tübingen 1955.

125. L. HÖBELT, Zur Militärpolitik des Deutschen Bundes. Corpseinteilung und Aufmarschpläne im Vormärz, in: 230, 114–135.

126. W. KEUL, Die Bundesmilitärkommission (1819–1866) als politisches Gremium. Ein Beitrag zur Geschichte des Deutschen Bundes. Frankfurt/Basel/Las Vegas 1977.

127. M. KOTULLA, Die Entstehung der Kriegsverfassung des Deutschen Bundes vor dem Hintergrund verfassungsrechtlicher und verfassungspolitischer Kontroversen in der Bundesversammlung 1816–1823, in: ZRG GA 117 (2000) 122–237.

128. W. PETTER, Deutscher Bund und deutsche Mittelstaaten, in: Handbuch der deutschen Militärgeschichte. Hrsg. v. F. Forstmeier u. H. Meier-Welcker. Bd. 4/2: Militärgeschichte im 19. Jahrhundert 1814–1890. München 1976, 226–300.

129. W. SCHNABEL, Die Kriegs- und Finanzverfassung des Deutschen Bundes. Marburg 1966.

130. H. SEIER, Der Deutsche Bund als militärisches Sicherungssystem 1815–1866, in: G. Clemens (Hrsg.), Nation und Europa. Studien zum internationalen Staatensystem im 19. und 20. Jahrhundert. Festschrift für Peter Krüger zum 65. Geburtstag. Stuttgart 2001, 19–33.

131. H. SEIER, Zur Frage der militärischen Exekutive in der Konzeption des Deutschen Bundes, in: J. Kunisch (Hrsg.), Staatsverfassung und Heeresverfassung in der europäischen Geschichte der frühen Neuzeit. Berlin 1986, 397–445.

132. H. SEIER, Der Oberbefehl im Bundesheer. Zur Entstehung der deutschen Bundeskriegsverfassung 1817–1822, in: MGM 21 (1977) 7–33.

133. E. WIENHÖFER, Das Militärwesen des Deutschen Bundes und das Ringen zwischen Österreich und Preußen um die Vorherrschaft in Deutschland 1815–1866. Osnabrück 1973.

5. *Übergreifende Darstellungen zum Deutschen Bund*

134. J. ANGELOW, Der Deutsche Bund. Darmstadt 2003.

135. L. BENTFELDT, Der Deutsche Bund als nationales Band. Göttingen/ Zürich 1985.

136. K. FISCHER, Die Nation und der Bundestag. Ein Beitrag zur deutschen Geschichte. Leipzig 1880.

137. L. GALL, Der Deutsche Bund in Europa, in: K. O. Freiherr von Aretin/J. Bariéty/H. Möller (Hrsg.), Das deutsche Problem in der neueren Geschichte. München 1997, 17–28.

138. L. GALL, Der Deutsche Bund als Institution und Epoche der deutschen Geschichte, in: D. Albrecht/K. O. Freiherr von Aretin/ W. Schulze (Hrsg.), Europa im Umbruch 1750–1850. München 1995, 257–266.

139. L. F. ILSE, Geschichte der deutschen Bundesversammlung, insbesondere ihres Verhaltens zu den deutschen National-Interessen. 3 Bde. Marburg 1861/62, Ndr. Hildesheim 1971/72.

6. *Wiener Kongress und Bundesgründung*

140. P. BURG, Der Wiener Kongreß. Der Deutsche Bund im europäischen Staatensystem. München 1984.

141. K. GRIEWANK, Der Wiener Kongreß und die europäische Restauration. 2. Aufl. Leipzig 1954.

142. M. HUNDT, Die mindermächtigen deutschen Staaten auf dem Wiener Kongreß. Mainz 1995.

143. H. A. KISSINGER, Das Gleichgewicht der Großmächte. Metternich, Castlereagh und die Neuordnung Europas 1812–1822. Zürich 1986.

144. J. L. KLÜBER, Uebersicht der diplomatischen Verhandlungen des Wiener Congresses überhaupt, und insonderheit über wichtige Angelegenheiten des teutschen Bundes. Frankfurt am Main 1816.

145. E. E. KRAEHE, Metternich's German Policy. Vol. 1: The Contest with Napoleon, 1799–1814. Vol. 2: The Congress of Vienna, 1814–1815. Princeton 1963/1983.

146. W. MAGER, Das Problem der landständischen Verfassungen auf dem Wiener Kongreß 1814/15, in: HZ 217 (1973) 296–346.

147. CH. WEBSTER, The Congress of Vienna 1814–1815. London 1919, Ndr. London 1963.

7.   *Vormärz 1815–1848*

148. H. Asmus, Das Wartburgfest. Studentische Reformbewegungen 1770–1819. Magdeburg 1995.
149. R. D. Billinger, Jr., Metternich and the German Question. States' Rights and Federal Duties, 1820–1834. Newark/London/Toronto 1991.
150. C. Foerster, Der Preß- und Vaterlandsverein von 1832/33. Sozialstruktur und Organisationsformen der bürgerlichen Bewegung in der Zeit des Hambacher Festes. Trier 1982.
151. K. Luys, Die Anfänge der deutschen Nationalbewegung von 1815 bis 1819. Münster 1992.
152. K. von See, Die Göttinger Sieben. Kritik einer Legende. Heidelberg 1997.
153. H. Seier, Der Bundestag und die deutsche Einheit 1816–1818. Bemerkungen zum Zeithintergrund des Wartburgfestes, in: K. Malettke (Hrsg.), 175 Jahre Wartburgfest 18. Oktober 1817–18. Oktober 1992. Studien zur politischen Bedeutung und zum Hintergrund der Wartburgfeier. Heidelberg 1992, 61–119.
154. I. Veit-Brause, Die deutsch-französische Krise von 1840. Studien zur deutschen Einheitsbewegung. Diss. phil. Köln 1967.

8.   *Revolution und Nachmärz 1848–1866*

155. R. A. Austensen, Austria and the „Struggle for Supremacy in Germany", 1848–1864, in: JModH 52 (1980) 195–225.
156. R. A. Austensen, Count Buol and the Metternich Tradition, in: Austrian History Yearbook 9/10 (1973/74) 173–193.
157. R. A. Austensen, Felix Schwarzenberg: „Realpolitiker" or „Metternichian"? The Evidence of the Dresden Conference, in: Mitteilungen des Österreichischen Staatsarchivs 30 (1977) 97–118.
158. R. A. Austensen, The Making of Austria's Prussian Policy, 1848–1852, in: HJ 27 (1984) 861–876.
159. R. A. Austensen, Metternich, Austria, and the German Question, 1848–1851, in: The International History Review 13 (1991) 21–37.
160. A. Biefang, Politisches Bürgertum in Deutschland 1857–1868. Nationale Organisationen und Eliten. Düsseldorf 1994.
161. H. Böhme (Hrsg.), Probleme der Reichsgründungszeit 1848–1871. Köln/Berlin 1968.
162. J. R. Davis, The Bamberg Conference of 1854. A Re-Evaluation, in: European History Quarterly 28 (1998) 81–107.

163. J. Flöter/G. Wartenberg (Hrsg.), Die Dresdener Konferenz 1850/51. Föderalisierung des Deutschen Bundes versus Machtinteressen der Einzelstaaten. Leipzig 2002.

164. H. Friedjung, Der Kampf um die Vorherrschaft in Deutschland 1859 bis 1866. 2 Bde. 4. Aufl. Stuttgart 1900.

165. W. D. Gruner, Die Würzburger Konferenzen der Mittelstaaten in den Jahren 1859–1861 und die Bestrebungen zur Reform des Deutschen Bundes, in: ZBLG 36 (1973) 181–253.

166. H. H. Hirschberg, Der Frankfurter Fürstentag von 1863. Diss. phil. Bern/Straßburg 1907.

167. C. Jansen, Einheit, Macht und Freiheit. Die Paulskirchenlinke und die deutsche Politik in der nachrevolutionären Epoche 1849–1867. Düsseldorf 2000.

168. E. E. Kraehe, A History of the German Confederation, 1850–1866. Diss. phil. (Masch.) Minneapolis 1948.

169. A. O. Meyer, Bismarcks Kampf mit Österreich am Bundestag zu Frankfurt (1851–59). Berlin/Leipzig 1927.

170. W. Mössle, Bayern auf den Dresdener Konferenzen 1850/51. Politische, staatsrechtliche und ideologische Aspekte einer gescheiterten Verfassungsrevision. Berlin 1972.

171. S. Na'aman, Der Deutsche Nationalverein. Die politische Konstituierung des deutschen Bürgertums 1859–1867. Düsseldorf 1987.

172. H. Rumpler, Die deutsche Politik des Freiherrn von Beust 1848 bis 1850. Zur Problematik mittelstaatlicher Reformpolitik im Zeitalter der Paulskirche. Wien/Köln/Graz 1972.

173. H. Scheller, Der Frankfurter Fürstentag 1863. Diss. phil. Leipzig 1929.

174. W. F. Schill, Baden auf den Dresdner Konferenzen 1850–51, in: ZGO 83 (1931) 505–551.

175. H. J. Schoeps, Von Olmütz nach Dresden 1850/51. Ein Beitrag zur Geschichte der Reformen am Deutschen Bund. Darstellung und Dokumente. Köln/Berlin 1972.

176. W. Siemann, Die deutsche Revolution von 1848/49. Frankfurt am Main 1985.

177. L. Sondhaus, Schwarzenberg, Austria, and the German Question, 1848–1851, in: The International History Review 13 (1991) 1–20.

178. P. Steinhoff, Preußen und die deutsche Frage 1848–1850. Berlin 1999.

179. V. Valentin, Geschichte der deutschen Revolution von 1848–1849. 2 Bde. Berlin 1930/31, Ndr. 1971.

180. N. Wehner, Die deutschen Mittelstaaten auf dem Frankfurter Fürstentag 1863. Frankfurt am Main 1993.
181. J. Weiskirchner, Die Dresdener Konferenzen 1850/51. Diss. phil. (Masch.) Wien 1928.

9. Reaktionäre Politik

182. M. M. Arnold, Pressefreiheit und Zensur im Baden des Vormärz. Im Spannungsfeld zwischen Bundestreue und Liberalismus. Berlin 2003.
183. E. Blumenauer, Journalismus zwischen Pressefreiheit und Zensur. Die Augsburger „Allgemeine Zeitung" im Karlsbader System (1818–1848). Köln/Weimar/Wien 2000.
184. M. Breil, Die Augsburger „Allgemeine Zeitung" und die Pressepolitik Bayerns. Ein Verlagsunternehmen zwischen 1815 und 1848. Tübingen 1996.
185. E. Büssem, Die Karlsbader Beschlüsse von 1819. Die endgültige Stabilisierung der restaurativen Politik im Deutschen Bund nach dem Wiener Kongreß 1814/15. Hildesheim 1974.
186. S. M. Eibich, Polizei, „Gemeinwohl" und Reaktion. Über Wohlfahrtspolizei und Sicherheitspolizei unter Carl Ludwig Friedrich von Hinckeldey, Berliner Polizeipräsident von 1848 bis 1856. Berlin 2004.
187. H.-D. Fischer (Hrsg.), Deutsche Kommunikationskontrolle des 15. bis 20. Jahrhunderts. München/New York/London/Paris 1982.
188. F. Th. Hoefer, Pressepolitik und Polizeistaat Metternichs. Die Überwachung von Presse und Öffentlichkeit in Deutschland und den Nachbarstaaten durch das Mainzer Informationsbüro (1833–1848). München 1983.
189. F. Th. Hoefer, Der „Strukturwandel der Öffentlichkeit" im Spiegel der politisch-polizeilichen Untersuchungen Metternichs, in: 230, 74–93.
190. H. G. Holldack, Untersuchungen zur Geschichte der Reaktion in Sachsen 1849–1855. Berlin 1931, Ndr. Vaduz 1965.
191. L. F. Ilse, Geschichte der politischen Untersuchungen, welche durch die neben der Bundesversammlung errichteten Commissionen, der Central-Untersuchungs-Commission zu Mainz und der Bundes-Central-Behörde zu Frankfurt in den Jahren 1819 bis 1827 und 1833 bis 1842 geführt sind. Frankfurt am Main 1860.

192. J. Jäger, Die informelle Vernetzung politischer Polizei nach 1848, in: ZRG GA 116 (1999) 266–313.

193. M. Klein, Die Entwicklung des Zensur- und Presserechtes in Österreich, Preußen und Bayern vor dem Hintergrund der Bundespolitik. Diss. phil (Masch.) Wien 1991.

194. R. Kohnen, Pressepolitik des Deutschen Bundes. Methoden staatlicher Pressepolitik nach der Revolution von 1848. Tübingen 1995.

195. W. Kowalski, Vom kleinbürgerlichen Demokratismus zum Kommunismus. Die Hauptberichte der Bundeszentralbehörde in Frankfurt am Main von 1838 bis 1842 über die deutsche revolutionäre Bewegung. Vaduz 1978.

196. M. Kramer, Die Zensur in Hamburg 1819 bis 1848. Ein Beitrag zur Frage und Lenkung der Öffentlichkeit im Vormärz. Hamburg 1975.

197. C. Kruchen, Die Zensur und deren praktische Anwendung bei rheinischen Zeitungen in der vormärzlichen Zeit 1814–1848. Köln 1922.

198. A. Löw, Die Frankfurter Bundeszentralbehörde von 1833–1842. Diss. phil. Frankfurt am Main 1932.

199. G. Mannes/J. Weber, Zensur im Vormärz (1815–1848). Literatur und Presse unter der Vormundschaft des Deutschen Bundes. Luxemburg 1998.

200. M. Meyn, Staatliche Repressionsmaßnahmen und „Karlsbader Beschlüsse" (1819–1832), in: 187, 75–96.

201. G. Müchler, „Wie ein treuer Spiegel". Die Geschichte der Cotta'schen Allgemeinen Zeitung. Darmstadt 1998.

202. Th. Oelschlägel, Hochschulpolitik in Württemberg 1819–1825. Die Auswirkungen der Karlsbader Beschlüsse auf die Universität Tübingen. Sigmaringen 1995.

203. A. Petzold, Die Zentral-Untersuchungs-Kommission in Mainz, in: Quellen und Darstellungen zur Geschichte der Burschenschaft und der deutschen Einheitsbewegung. Hrsg. v. H. Haupt. Bd. 5. Heidelberg 1920, 171–258.

204. W. Piereth, Propaganda im 19. Jahrhundert. Die Anfänge aktiver staatlicher Pressepolitik in Deutschland (1800–1871), in: U. Daniel/W. Siemann (Hrsg.), Propaganda. Meinungskampf, Verführung und politische Sinnstiftung (1789–1989). Frankfurt am Main 1994, 21–43.

205. D. Riesener, Polizei und politische Kultur im 19. Jahrhundert. Die Polizeidirektion Hannover und die politische Öffentlichkeit im Königreich Hannover. Hannover 1996.

206. M. VON RINTELEN, Zwischen Revolution und Restauration. Die Allgemeine Zeitung 1798–1823. Frankfurt am Main/Berlin/Bern 1994.

207. E. SCHÄFER, Die Polizei im Herzogtum Nassau. Diss. jur. Mainz 1972.

208. W. SIEMANN, „Deutschlands Ruhe, Sicherheit und Ordnung". Die Anfänge der politischen Polizei 1806–1866. Tübingen 1985.

209. W. SIEMANN, Ideenschmuggel. Probleme der Meinungskontrolle und das Los deutscher Zensoren im 19. Jahrhundert, in: HZ 245 (1987) 71–106.

210. W. SIEMANN, Kampf um die Meinungsfreiheit im deutschen Konstitutionalismus, in: J. Schwartländer/D. Willoweit (Hrsg.), Meinungsfreiheit. Grundgedanken und Geschichte in Europa und USA. Kehl/Straßburg 1986, 173–188.

211. W. SIEMANN, Von der offenen zur mittelbaren Kontrolle. Der Wandel in der deutschen Preßgesetzgebung und Zensurpraxis des 19. Jahrhunderts, in: H. G. Göpfert/E. Weyrauch (Hrsg.), „Unmoralisch an sich...". Zensur im 18. und 19. Jahrhundert. Wiesbaden 1988, 293–308.

212. M. TREML, Bayerns Pressepolitik zwischen Verfassungstreue und Bundespflicht (1815–1837). Ein Beitrag zum bayerischen Souveränitätsverständnis und Konstitutionalismus im Vormärz. Berlin 1977.

213. E. WEBER, Die Mainzer Zentraluntersuchungskommission. Karlsruhe 1970.

214. D. WESTERKAMP, Pressefreiheit und Zensur im Sachsen des Vormärz. Baden-Baden 1999.

215. R. WÖLTGE, Die Reaktion im Königreich Hannover 1850–1857. Diss. phil. Tübingen 1932.

10. Deutsche Frage und Nationsbildung

216. H. ANGERMEIER, Deutschland zwischen Reichstradition und Nationalstaat. Verfassungsrechtliche Konzeptionen und nationales Denken zwischen 1801 und 1815, in: ZRG GA 107 (1990) 19–101.

217. J. BECKER/A. HILLGRUBER (Hrsg.), Die deutsche Frage im 19. und 20. Jahrhundert. München 1983.

218. W. D. GRUNER, Der Deutsche Bund als Band der deutschen Nation 1815–1866, in: B. J. Wendt (Hrsg.), Vom schwierigen Zusammenwachsen der Deutschen. Nationale Identität und Nationalismus im 19. und 20. Jahrhundert. Frankfurt am Main 1992, 49–79.

219. W. D. GRUNER, Die deutsche Frage. Ein Problem der europäischen Geschichte seit 1800. München 1985.

220. W. D. GRUNER, Deutschland mitten in Europa. Aspekte und Perspektiven der deutschen Frage in Geschichte und Gegenwart. Hamburg 1992.

221. D. LANGEWIESCHE, Deutschland und Österreich: Nationswerdung und Staatsbildung in Mitteleuropa im 19. Jahrhundert, in: GWU 42 (1991) 754–766.

222. D. LANGEWIESCHE, Kulturelle Nationsbildung im Deutschland des 19. Jahrhunderts, in: 223, 82–102.

223. D. LANGEWIESCHE, Nation, Nationalismus, Nationalstaat in Deutschland und Europa. München 2000.

224. D. LANGEWIESCHE, Reich, Nation und Staat in der jüngeren deutschen Geschichte, in: 223, 190–216, zuerst in: HZ 254 (1992) 341–381.

225. D. LANGEWIESCHE, Was heißt ‚Erfindung der Nation‘? Nationalgeschichte als Artefakt – oder Geschichtsdeutung als Machtkampf, in: HZ 277 (2003) 593–617.

226. H. LUTZ/H. RUMPLER (Hrsg.), Österreich und die deutsche Frage im 19. und 20. Jahrhundert. Probleme der politisch-staatlichen und soziokulturellen Differenzierung im deutschen Mitteleuropa. München 1982.

227. H. MÜLLER, Deutscher Bund und deutsche Nationalbewegung, in: HZ 248 (1989) 51–78.

228. J. MÜLLER, Deutscher Bund und deutsche Nation 1848–1866. Göttingen 2005.

229. V. PRESS, Altes Reich und Deutscher Bund. Kontinuität in der Diskontinuität. München 1995.

230. H. RUMPLER (Hrsg.), Deutscher Bund und deutsche Frage 1815–1866. Europäische Ordnung, deutsche Politik und gesellschaftlicher Wandel im Zeitalter der bürgerlich-nationalen Emanzipation. Wien/München 1990.

231. H. SCHULZE, Der Weg zum Nationalstaat. Die deutsche Nationalbewegung vom 18. Jahrhundert bis zur Reichsgründung. München 1985.

232. H. SCHULZE, Staat und Nation in der europäischen Geschichte. München 1994.

233. TH. SEMPF, Die deutsche Frage unter besonderer Berücksichtigung der Konföderationsmodelle. Köln/Berlin/Bonn/München 1987.

234. J. J. SHEEHAN, What is German History? Reflections on the Role of the Nation in German Historiography, in: JModH 53 (1981) 1–23.

11. Föderalismus, Partikularismus, Trias

235. C. ALBRECHT, Die Triaspolitik des Freiherrn Karl August von Wangenheim. Stuttgart 1914.

236. K. O. FREIHERR VON ARETIN, Der Triasgedanke in Bayern nach 1815, in: H. Schindler (Hrsg.), Bayerische Symphonie. Bd. 1. München 1967, 404–414.

237. P. BURG, Die deutsche Trias in Idee und Wirklichkeit. Vom alten Reich zum Deutschen Zollverein. Stuttgart 1989.

238. P. BURG, Die Staatenbeziehungen im Deutschen Bund. Die Welt der deutschen Einzelstaaten zwischen Partikularismus, Dualismus und Unitarismus, in: P. Leidinger/D. Metzler (Hrsg.), Geschichte und Geschichtsbewußtsein. Festschrift Karl-Ernst Jeismann zum 65. Geburtstag. Münster 1990, 349–365.

239. P. BURG, Die Triaspolitik im Deutschen Bund. Das Problem einer partnerschaftlichen Mitwirkung und eigenständigen Entwicklung des Dritten Deutschland, in: 230, 136–161.

240. E. DEUERLEIN, Föderalismus. Die historischen und philosophischen Grundlagen des föderativen Prinzips. München 1972.

241. M. DREYER, Föderalismus als ordnungspolitisches und normatives Prinzip. Das föderative Denken der Deutschen im 19. Jahrhundert. Frankfurt am Main 1987.

242. M. EHMER, Constantin Frantz. Die politische Gedankenwelt eines Klassikers des Föderalismus. Rheinfelden 1988.

243. W. D. GRUNER, Der Deutsche Bund – Modell für eine Zwischenlösung?, in: 220, 45–69.

244. W. D. GRUNER, Die Verfassungsordnung des Deutschen Bundes – Modell für die Wiedervereinigung?, in: Politik und Kultur 13/4 (1986) 64–92.

245. H. HANDZIK, Der Deutsche Bund. Ein Modell für die Regelung der innerdeutschen Beziehungen, in: Europa-Archiv 23 (1968) 793–802.

246. E. E. KRAEHE, The United Nations in the Light of the Experiences of the German Confederation, 1815–1866, in: The South Atlantic Quarterly 49 (1950) 138–149.

247. R. LANG, The Germanic Confederation and a European Confederation today, in: The South Atlantic Quarterly 45 (1946) 434–442.

248. D. LANGEWIESCHE, Föderativer Nationalismus als Erbe der deutschen Reichsnation: Über Föderalismus und Zentralismus in der deutschen Nationalgeschichte, in: 223, 55–79, zuerst in: 249, 215–242.

249. D. LANGEWIESCHE/G. SCHMIDT (Hrsg.), Föderative Nation. Deutschlandkonzepte von der Reformation bis zum Ersten Weltkrieg. München 1999.

250. TH. NIPPERDEY, Der Föderalismus in der deutschen Geschichte, in: Ders., Nachdenken über die deutsche Geschichte. Essays. München 1986, 69–109.

251. TH. NIPPERDEY, Der deutsche Föderalismus zwischen 1815 und 1866 im Rückblick, in: A. Kraus (Hrsg.), Land und Reich, Stamm und Nation. Probleme und Perspektiven bayerischer Geschichte. Festgabe für Max Spindler zum 90. Geburtstag. Bd. 3: Vom Vormärz bis zur Gegenwart. München 1984, 1–18.

252. H. RUMPLER, Föderalismus als Problem der deutschen Verfassungsgeschichte des 19. Jahrhunderts (1815–1871), in: Der Staat 16 (1977) 215–228.

253. R. ULLNER, Die Idee des Föderalismus im Jahrzehnt der deutschen Einigungskriege dargestellt unter besonderer Berücksichtigung des Modells der amerikanischen Verfassung für das deutsche politische Denken. Lübeck/Hamburg 1965.

254. E. WADLE, Staatenbund oder Bundesstaat? Ein Versuch über die alte Frage nach den föderalen Strukturen in der deutschen Verfassungsgeschichte zwischen 1815 und 1866, in: W. Brauneder (Hrsg.), Staatliche Vereinigung: Fördernde und hemmende Elemente in der deutschen Geschichte. Berlin 1998, 137–170.

12. Bundesreform

255. K. BÖRNER, Julius Fröbel und das österreichische Bundesreformprojekt aus dem Jahre 1863. Marburg 1919.

256. O. BRANDT, Mittelstaatliche Politik im Deutschen Bund nach der Revolution von 1848, in: ZBLG 2 (1929) 299–318.

257. M. DAERR, Beust und die Bundesreformpläne der deutschen Mittelstaaten im Jahre 1859, in: Neues Archiv für Sächsische Geschichte und Altertumskunde 52 (1931) 42–118.

258. J. FLÖTER, Beust und die Reform des Deutschen Bundes 1850–1866. Sächsisch-mittelstaatliche Koalitionspolitik im Kontext der deutschen Frage. Köln/Weimar/Wien 2001.

259. J. FLÖTER, Föderalismus als nationales Bedürfnis. Beusts Konzeptionen zur Reform des Deutschen Bundes 1849/50–1857, in: Neues Archiv für sächsische Geschichte 70 (1999) 105–138.

260. W. P. FUCHS, Die deutschen Mittelstaaten und die Bundesreform 1853–1860. Berlin 1934.

261. F. Greve, Die Politik der deutschen Mittelstaaten und die österrei-chischen Bundesreformbestrebungen bis zum Frankfurter Fürs-tentag (1861–1863). Diss. phil. Rostock 1938.

262. A. Kaernbach, Bismarcks Konzepte zur Reform des Deutschen Bundes. Zur Kontinuität der Politik Bismarcks und Preußens in der deutschen Frage. Göttingen 1991.

263. E. E. Kraehe, Austria and the Problem of Reform in the German Confederation, 1851–1863, in: AHR 56 (1951) 276–294.

264. W. Kronenberg, Bismarcks Bundesreformprojekte 1848–1866. Köln 1953.

265. J. Müller, Reform statt Revolution. Die bundespolitischen Kon-zepte Beusts 1850/51, in: Neues Archiv für sächsische Geschichte 66 (1995) 209–248.

266. W. Real, Zur Geschichte der Bundesreformbestrebungen in den Jahren 1859–1862, in: Darstellungen und Quellen zur Geschichte der deutschen Einheitsbewegung im neunzehnten und zwanzigs-ten Jahrhundert. Hrsg. v. K. Stephenson, A. Scharff u. W. Klötzer. Bd. 4. Heidelberg 1963, 152–254.

267. W. Real, Österreich und Preußen im Vorfeld des Frankfurter Fürstentages. Ein Beitrag zur Geschichte der Bundesreform, in: HJb 86 (1966) 339–393.

268. W. Real, Der Deutsche Reformverein. Großdeutsche Stimmen und Kräfte zwischen Villafranca und Königgrätz. Lübeck/Ham-burg 1966.

269. H. Rumpler, Die deutsche Politik des Freiherrn von Beust 1848 bis 1850. Zur Problematik mittelstaatlicher Reformpolitik im Zeitalter der Paulskirche. Wien/Köln/Graz 1972.

270. H. H. Thumann, Beusts Plan zur Reform des Deutschen Bundes vom 15. Oktober 1861, in: Neues Archiv für Sächsische Ge-schichte und Altertumskunde 46 (1925) 46–77.

271. M. Vogt, Überlegungen zur Bundesreform aus der Sicht eines Thü-ringer Kleinstaats im Jahr 1860, in: Darstellungen und Quellen zur Geschichte der deutschen Einheitsbewegung im neunzehnten und zwanzigsten Jahrhundert. Hrsg. v. C. Probst in Verb. mit B. Diestel-kamp, A. Scharff u. K. Stephenson. Bd. 9. Heidelberg 1974, 213–231.

13. *Nationale Gesetzgebung und Wirtschaftseinheit*

272. H. Böhme, Deutschlands Weg zur Großmacht. Studien zum Ver-hältnis von Wirtschaft und Staat während der Reichsgründungs-zeit 1848–1881. 3. Aufl. Köln 1974.

273. H. ELSNER, Die Frage gesamtdeutscher Gesetze am Deutschen Bund 1859–1866. Diss. phil. (Masch.) Wien 1932.

274. G. ENSTHALER, Aspekte des Deutschen Bundes im Vormärz (1840–1848) unter besonderer Berücksichtigung des österreichischen Standpunkts. Diplomarbeit am Institut für Geschichte der Universität Salzburg (Masch.) Salzburg 1977.

275. E. FRANZ, Der Entscheidungskampf um die wirtschaftspolitische Führung Deutschlands (1856–1867). München 1933, Ndr. Aalen 1973.

276. H. GETZ, Die deutsche Rechtseinheit im 19. Jahrhundert als rechtspolitisches Problem. Bonn 1966.

277. L. GIESEKE, Vom Privileg zum Urheberrecht. Die Entwicklung des Urheberrechts in Deutschland bis 1845. Göttingen 1995.

278. L. GOLDSCHMIDT, Der Abschluß und die Einführung des allgemeinen Deutschen Handelsgesetzbuchs, in: Zeitschrift für das gesammte Handelsrecht 5 (1862) 204–227, 515–584; 6 (1863) 41–64, 388–412.

279. L. GOLDSCHMIDT, Handbuch des Handelsrechts. Bd. 1/1: Enthaltend die geschichtlich-literärische Einleitung und die Grundlehren. Erlangen 1864, 2. Aufl. 1874/75.

280. H.-W. HAHN, Die Dresdener Konferenz – Chance eines handelspolitischen Neubeginns in Deutschland?, in: 163, 219–238.

281. H.-W. HAHN, Geschichte des Deutschen Zollvereins. Göttingen 1984.

282. H.-W. HAHN, Mitteleuropäische oder kleindeutsche Wirtschaftsordnung in der Epoche des Deutschen Bundes, in: 230, 186–214.

283. H.-W. HAHN, Die Industrielle Revolution in Deutschland. 2. Aufl. München 2005.

284. E. E. KRAEHE, Practical Politics in the German Confederation: Bismarck and the Commercial Code, in: JModH 25 (1953) 13–24.

285. F. LAUFKE, Der Deutsche Bund und die Zivilgesetzgebung, in: P. Mikat (Hrsg.), Festschrift der rechts- und staatswissenschaftlichen Fakultät der Julius-Maximilians-Universität Würzburg zum 75. Geburtstag von Hermann Nottarp. Karlsruhe 1961, 1–57.

286. G. MAYER, Württembergs Beitrag zu den rechtsvereinheitlichenden Bemühungen des Deutschen Bundes auf dem Gebiete des Privatrechts (1815–1847). Diss. jur. München 1974.

287. A. MEYER, Der Zollverein und die deutsche Politik Bismarcks. Eine Studie über das Verhältnis von Wirtschaft und Politik im Zeitalter der Reichsgründung. 2. Aufl. Frankfurt am Main 1987.

288. W. Mössle, Rechtsvereinheitlichung als Gegenstand der Verfassungspolitik im Deutschen Bund, in: M. Heinze/J. Schmitt (Hrsg.), Festschrift für Wolfgang Gitter zum 65. Geburtstag am 30. Mai 1995. Wiesbaden 1995, 669–688.

289. H. Rumpler, Das „Allgemeine Deutsche Handelsgesetzbuch" als Element der Bundesreform im Vorfeld der Krise von 1866, in: 230, 215–234.

290. A. Schnelle, Bremen und die Entstehung des Allgemeinen Deutschen Handelsgesetzbuches (1856–1864). Bremen 1992.

291. C. Schöler, Deutsche Rechtseinheit. Partikulare und nationale Gesetzgebung (1780–1866). Köln/Weimar/Wien 2004.

292. E. Wadle, Die Anfänge des Aufführungsrechts in Preußen und im Deutschen Bund, in: Festschrift für Alfons Kraft zum 70. Geburtstag. Neuwied 1998, 645–663.

293. E. Wadle, Der Bundesbeschluß vom 9. November 1837 gegen den Nachdruck. Das Ergebnis einer Kontroverse aus preußischer Sicht, in: ZRG GA 106 (1989) 189–238.

294. E. Wadle, Die Berliner „Grundzüge" eines Gesetzentwurfes zum Urheberschutz. Ein gescheiterter Versuch im Deutschen Bund (1833/34), in: W. Ogris/W. H. Rechberger (Hrsg.), Gedächtnisschrift Herbert Hofmeister. Wien 1996, 673–693.

295. E. Wadle, Der Frankfurter Entwurf eines deutschen Urheberrechtsgesetzes von 1864 – Eine Einführung zum Nachdruck, in: Archiv für Urheber-, Film-, Funk- und Theaterrecht 120 (1992) 33–55.

296. E. Wadle, Das Scheitern des Frankfurter Urheberrechtsentwurfes von 1819. Näheres zur Haltung einzelner deutscher Bundesstaaten, in: Archiv für Urheber-, Film-, Funk- und Theaterrecht 138 (1999) 153–181.

297. F. Werner, Die Zollvereinspolitik der deutschen Mittelstaaten im Frühjahr 1852. Die Darmstädter Konferenz. Diss. phil. Frankfurt am Main 1934.

14. Der Deutsche Bund und die Einzelstaaten

298. K. O. Freiherr von Aretin, Die deutsche Politik Bayerns in der Zeit der staatlichen Entwicklung des Deutschen Bundes 1814–1820. Diss. phil. (Masch.) München 1954.

299. M. Derndarsky, Österreich und der Deutsche Bund 1815–1866. Anmerkungen zur deutschen Frage zwischen dem Wiener Kongreß und Königgrätz, in: 226, 92–116.

300. M. DERNDARSKY, Österreich und die Deutsche Frage zwischen 1848 und 1866/71. Konzeptionelles Dilemma und situative Probleme der Donaumonarchie gegenüber Deutschland, in: 217, 63–90.

301. M. DERNDARSKY, Vormacht im Bund mit Preußen? Österreichs Deutschlandpolitik 1860–1867 und ihr Scheitern, in: M. Gehler/ R. F. Schmidt/H.-H. Brandt/R. Steininger (Hrsg.), Ungleiche Partner? Österreich und Deutschland in ihrer gegenseitigen Wahrnehmung. Historische Analysen und Vergleiche aus dem 19. und 20. Jahrhundert. Stuttgart 1996, 223–246.

302. H. GLASER, Zwischen Großmächten und Mittelstaaten. Über einige Konstanten der deutschen Politik Bayerns in der Ära von der Pfordten, in: 226, 140–188.

303. C. GOEBEL, Die Bundes- und Deutschlandpolitik Kurhessens in den Jahren 1859 bis 1866. Eine Analyse zur Untergangsphase des Deutschen Bundes. Marburg 1995.

304. K. GRIEWANK, Württemberg und die deutsche Politik in den Jahren 1859–1861. Mit einem Überblick bis zum Thron- und Regierungswechsel von 1864. Stuttgart 1934.

305. W. D. GRUNER, Die deutschen Einzelstaaten und der Deutsche Bund, in: A. Kraus (Hrsg.), Land und Reich, Stamm und Nation. Probleme und Perspektiven bayerischer Geschichte. Festgabe für Max Spindler zum 90. Geburtstag. Bd. 3: Vom Vormärz bis zur Gegenwart. München 1984, 19–36.

306. R. HAM, Bundesintervention und Verfassungsrevision. Der Deutsche Bund und die kurhessische Verfassungsfrage 1850/52. Darmstadt 2004.

307. W. VON HIPPEL, Friedrich Landolin Karl von Blittersdorff 1792–1861. Ein Beitrag zur badischen Landtags- und Bundespolitik im Vormärz. Stuttgart 1967.

308. S. MEIBOOM, Studien zur deutschen Politik Bayerns in den Jahren 1851–1859. (Schriftenreihe zur bayerischen Landesgeschichte, Bd. 6.) München 1931, Ndr. Aalen 1974.

309. I. SPANGENBERG, Hessen-Darmstadt und der Deutsche Bund 1815–1848. Darmstadt 1969.

310. G. S. WERNER, Bavaria in the German Federation 1820–1848. London 1970.

15. Politische Opposition, Presse und Öffentlichkeit

311. R. DARMSTADT, Der Deutsche Bund in der zeitgenössischen Publizistik. Zur staatlichen und politischen Neugestaltung Deutsch-

lands vom Wiener Kongreß bis zu den Karlsbader Beschlüssen. Bern/Frankfurt am Main 1971.

312. F. Fɪsᴄʜᴇʀ, Die öffentliche Meinung in Baden während der italienischen Krise 1859 und der anschließenden Diskussion über die Bundesreform bis 1861. Berlin 1979.

313. A. Mɪᴛᴛᴇʟsᴛᴀᴇᴅᴛ, Der Krieg von 1859. Bismarck und die öffentliche Meinung in Deutschland. Stuttgart/Berlin 1904.

314. H. Rᴏsᴇɴʙᴇʀɢ, Die nationalpolitische Publizistik Deutschlands vom Eintritt der Neuen Ära in Preußen bis zum Ausbruch des deutschen Krieges. Eine kritische Bibliographie. 2 Bde. München 1935.

315. F. Sᴄʜɴᴇɪᴅᴇʀ, Pressefreiheit und politische Öffentlichkeit. Studien zur politischen Geschichte Deutschlands bis 1848. Neuwied/Berlin 1966.

316. H. J. Sᴄʜᴏᴇᴘs, Der Frankfurter Fürstentag und die öffentliche Meinung in Preußen, in: GWU 19 (1968) 73–90.

Zeittafel

1814
30. Mai   Erster Pariser Frieden
14. Okt.   Bildung des „Deutschen Komitees", bestehend aus Österreich, Preußen, Bayern, Hannover und Württemberg
1. Nov.   Beginn des Wiener Kongresses

1815
8. Juni   Deutsche Bundesakte
11. Juni   Ende des Wiener Kongresses

1816
5. Nov.   Eröffnung der Deutschen Bundesversammlung

1817
18./19. Okt.   Wartburgfest der deutschen Burschenschaften

1818
26. Mai   Verfassungsgebung in Bayern
22. Aug.   Verfassungsgebung in Baden

1819
23. März   Ermordung des Schriftstellers August Kotzebue durch den Studenten Karl Ludwig Sand
6.–31. Aug.   Karlsbader Konferenzen zur Vorbereitung reaktionärer Bundesmaßnahmen
20. Sept.   Verabschiedung der „Karlsbader Beschlüsse" durch die Bundesversammlung: Universitätsgesetz, Pressegesetz, Zentraluntersuchungskommission, Bundesexekutionsordnung
25. Sept.   Verfassungsgebung in Württemberg
8. Nov.   Zusammentritt der siebenköpfigen Zentraluntersuchungskommission des Deutschen Bundes in der Bundesfestung Mainz
25. Nov.   Beginn der Wiener Ministerialkonferenzen

1820
15. Mai   Verabschiedung der Wiener Schlussakte
24. Mai   Ende der Wiener Ministerialkonferenzen
8. Juli   Annahme der Wiener Schlussakte als neues Bundesgrundgesetz durch die Bundesversammlung
17. Dez.   Verfassungsgebung im Großherzogtum Hessen

1821
9. April   Die Bundesversammlung beschließt die „Grundzüge der Kriegs-
                 verfassung des Deutschen Bundes"

1824
16. Aug.   Bundesbeschluss über Maßregeln zur Erhaltung und Befestigung
                 der inneren Ruhe und Ordnung

1827
14. Dez.   Abschlussbericht der Mainzer Zentraluntersuchungskommission

1830
27.–29. Juli   Revolution in Paris
Juli   Unruhen im Königreich Sachsen
Sept.   Unruhen in Kurhessen
6./7. Sept.   Aufstand in Braunschweig, Absetzung des Herzogs und Plünde-
                 rung seines Schlosses
21. Okt.   Bundesbeschluss über Maßregeln zur Herstellung und Erhaltung
                 der Ruhe in Deutschland

1831
5. Jan.   Verfassungsgebung in Kurhessen
4. Sept.   Verfassungsgebung im Königreich Sachsen
15. Okt.   Der liberale Abgeordnete Carl Theodor Welcker beantragt im ba-
                 dischen Landtag die Schaffung eines deutschen Nationalparla-
                 ments
27. Okt.   Verbot der Eingabe von Adressen an die Bundesversammlung
31. Okt.   In der kurhessischen Ständeversammlung fordert der liberale Ab-
                 geordnete Sylvester Jordan größere nationale Einheit und eine
                 konstitutionelle Verfahrensweise am Bundestag in Frankfurt

1832
29. Jan.   Gründung des Press- und Vaterlandsvereins in Zweibrücken
1. März   Verbot des Press- und Vaterlandsvereins durch die bayerische Re-
                 gierung
2. März   Die Bundesversammlung beschließt ein Verbot liberaler Presse-
                 organe
27.–30. Mai   Hambacher Fest: die Liberalen verlangen die Einheit Deutsch-
                 lands auf der Basis der Volkssouveränität
5. Juni   In der Schrift „Deutschlands Einheit durch Nationalrepräsenta-
                 tion" fordert der Demokrat Wilhelm Schulz eine umfassende Bun-
                 desreform
28. Juni   Bundesbeschluss zur Aufrechthaltung der gesetzlichen Ruhe und
                 Ordnung im Deutschen Bund („Sechs Artikel")
5. Juli   Bundesbeschluss zur Aufrechthaltung der gesetzlichen Ruhe und
                 Ordnung im Deutschen Bund („Zehn Artikel")
5. Juli   Die Bundesversammlung verlangt die Aufhebung des liberalen
                 Pressegesetzes im Großherzogtum Baden
12. Okt.   Verfassungsgebung im Herzogtum Braunschweig

1833

3./4. April   Frankfurter Wachensturm: Studenten und Burschenschaftler versuchen, den Bundestag gewaltsam zu beseitigen

20. April   Einrichtung eines geheimen Informationsbüros in Mainz durch Metternich

30. Juni   Die Bundesversammlung setzt eine Zentralbehörde für politische Untersuchungen mit Sitz in Frankfurt ein, um die Teilnehmer am „Complott" gegen den Bestand des Bundes und die öffentliche Ordnung in Deutschland zu verfolgen

26. Sept.   Verfassungsgebung im Königreich Hannover

1834

1. Jan.   Der „Deutsche Zollverein" tritt in Kraft

13. Jan.   Beginn der geheimen Wiener Kabinettskonferenz

12. Juni   Schlussprotokoll der Wiener Kabinettskonferenz. In den so genannten „Sechzig Artikeln" werden umfassende Maßnahmen zur Unterdrückung der politischen Opposition beschlossen

1835

15. Jan.   Die Bundesversammlung beschließt eine strengere polizeiliche Aufsicht über wandernde Handwerksgesellen

10. Dez.   Die Bundesversammlung verbietet die Schriften des „Jungen Deutschland"

1836

18. Aug.   Bundesbeschluss über Bestrafung von Verbrechen gegen den Deutschen Bund und Auslieferung politischer Verbrecher auf deutschem Bundesgebiete

1837

1. Nov.   Aufhebung der liberalen Verfassung in Hannover durch König Ernst August

18. Nov.   Protest der „Göttinger Sieben" gegen die Aufhebung der hannoverschen Verfassung

11. Dez.   Amtsenthebung der „Göttinger Sieben"

1840

7. Juni   Thronwechsel in Preußen; Hoffnung auf Reformen unter dem neuen König Friedrich Wilhelm IV.

Juli   Die in Frankreich erhobene Forderung, den Rhein als Grenze zu Deutschland zu gewinnen, löst die so genannte Rheinkrise aus. Österreich und Preußen nehmen militärische Verhandlungen zum Schutz der Rheingrenze auf

1841

26. Aug.   August Heinrich Hoffmann von Fallersleben schreibt das „Lied der Deutschen"

1842

25. Aug.   Suspendierung der Frankfurter Zentraluntersuchungsbehörde

4. Sept.   Kölner Dombaufest

1846

24.–26. Sept.   Erster deutscher Germanistentag in Frankfurt am Main

1847

26.–29. Juni   Allgemeines Deutsches Sängerfest in Lübeck

9. Sept.   Preußen und Sachsen fordern in der Bundesversammlung die Aufhebung der Pressezensur

12. Sept.   Offenburger Versammlung der Demokraten

9./10. Okt.   Heppenheimer Versammlung der Liberalen

20. Nov.   Denkschrift von Radowitz über die Reform der Bundesverfassung

1848

Ende Febr.   Beginn der Revolution in Deutschland

29. Febr.   Die Bundesversammlung beauftragt einen Ausschuss mit der Vorbereitung von Reformen

3. März   Aufhebung der Pressezensur im Deutschen Bund

9. März   Die badische Regierung beantragt die Bildung einer Volksvertretung beim Deutschen Bund

13. März   Rücktritt Metternichs

18. März   Der preußische König verlangt die Umwandlung des Staatenbundes in einen Bundesstaat

30. März   Bundesbeschluss zur Anordnung allgemeiner Wahlen zur Bildung einer Nationalvertretung in Deutschland

31. März– 4. April   Sitzung des Vorparlaments in Frankfurt

2. April   Bundesbeschluss über die Aufhebung der seit 1819 erlassenen Ausnahmegesetze

10. April   Die Bundesversammlung setzt einen Ausschuss von 17 „Männern des allgemeinen Vertrauens" zur Revision der Bundesverfassung ein

26. April   Entwurf des Siebzehnerausschusses für ein „Deutsches Reichsgrundgesetz"

18. Mai   Zusammentritt der Nationalversammlung in der Frankfurter Paulskirche

24. Mai   Die Nationalversammlung beauftragt einen Verfassungsausschuss mit der Ausarbeitung einer nationalen Verfassung

28. Juni   Gesetz der Nationalversammlung zur Bildung einer provisorischen Zentralgewalt

12. Juli   Die Bundesversammlung erklärt ihre Tätigkeit für beendet

1849

28. März   Verkündung der Verfassung des Deutschen Reichs

26. Mai   Dreikönigsbündnis zwischen Preußen, Sachsen und Hannover zur Errichtung eines kleindeutschen Bundesstaates (Union)

28. Mai   In Erfurt einigen sich Preußen, Sachsen und Hannover auf eine Verfassung für die Union

30. Sept.   Österreich und Preußen verabreden die Bildung einer interimistischen Bundeszentralkommission

1850

31. Jan.   Wahlen zum Reichstag der Union

27. Febr.   Vierkönigsbündnis zwischen Bayern Sachsen, Württemberg und Hannover, die sich auf Grundsätze für eine Revision der Bundesverfassung verständigen

20. März   Zusammentritt des Reichstags der Union in Erfurt

26. April   Einladung Österreichs an alle deutschen Staaten zur Bildung eines neuen provisorischen Bundeszentralorgans und zur Revision der Bundesverfassung

10. Mai   Frankfurter Konferenz von Österreich und zwölf weiteren „bundestreuen" Staaten

13. Mai   Beitritt Österreichs zum Vierkönigsbündnis

12. Juni   Eröffnung des provisorischen Fürstenkollegiums der Union

2. Sept.   Wiedereröffnung der Bundesversammlung in Frankfurt unter Vorsitz Österreichs

12. Okt.   Vertrag von Bregenz: Österreich, Bayern und Württemberg verpflichten sich zur Aufrechterhaltung des Deutschen Bundes und zur Durchsetzung seiner Beschlüsse

29. Nov.   Olmützer Punktation: Preußen verzichtet auf die Fortsetzung seiner Unionspolitik

23. Dez.   Eröffnung der Dresdener Konferenz

1851

14. Mai   Wiedereintritt Preußens in die Bundesversammlung

15. Mai   Ende der Dresdener Konferenz

23. Aug.   Aufhebung der Grundrechte; Bundesbeschluss zur Wahrung der öffentlichen Sicherheit und Ordnung

30. Sept.   Die Bundesversammlung beschließt die Stationierung eines Armeekorps von 12 000 Mann in der Nähe von Frankfurt zum Schutz der Bundesversammlung

3. Okt.   Einsetzung des Reaktionsausschusses

1852

6. März   Entsendung eines Bundeskommissars nach Bremen zur Durchsetzung der Verfassungsrevision

16./17. Aug. Verfassungsrevision in Waldeck

5. Okt.   Verfassungsrevision in Frankfurt

1853

19. Februar   Handelsvertrag zwischen Österreich und Preußen

15. März   Verfassungsrevision im Fürstentum Lippe

4. April   Erneuerung der Zollvereinsverträge

4. Okt.   Türkische Kriegserklärung an Russland: Beginn des Krimkriegs

1854

21. Febr.   Abschluss der Verfassungsrevision in Bremen

28. März   Eintritt Englands und Frankreichs in den Krimkrieg

20. April   Österreichisch-preußisches Schutz- und Trutzbündnis

25.–30. Mai	Bamberger Konferenz der Mittelstaaten
6. Juli	Bundesbeschluss „zur Verhinderung des Mißbrauchs der Presse"
13. Juli	Bundesbeschluss über das Vereins- und Versammlungswesen
1. Aug.	Verfassungsrevision in Hannover

1855

4. Januar	Revision der Bundeskriegsverfassung
10. Nov.	Bayern beantragt in der Bundesversammlung Maßnahmen zur Rechtsvereinheitlichung im Deutschen Bund

1856

21. Jan.	Die Bundesversammlung beschließt die Einsetzung von Kommissionen zur Ausarbeitung gleichförmiger Gesetze über das Heimatrecht, die Auswanderung, das Handelsrecht sowie das Münz-, Maß- und Gewichtswesen
30. März	Friede von Paris: Beendigung des Krimkriegs
17. April	Einsetzung einer Bundeskommission zur Ausarbeitung eines Allgemeinen Deutschen Handelsgesetzbuchs
Juni	Der bayerische Ministerpräsident von der Pfordten und der sächsische Außenminister Beust legen umfangreiche Denkschriften zur Reform des Deutschen Bundes vor
27. Nov.	Verfassungsrevision in Luxemburg

1857

4. Jan.	Wiener Münzvertrag zwischen Österreich, Liechtenstein und dem Zollverein: Gründung des „Deutschen Münzvereins"
10. März	Die badische Regierung legt einen Plan zur Errichtung eines obersten Bundesgerichts vor
30. April	Der sächsische Außenminister Beust schlägt in einer Denkschrift die Einberufung einer Ministerkonferenz zur Reform des Deutschen Bundes vor

1858

2. Aug.	Bundesbeschluss über Schleswig-Holstein: Androhung einer Bundesexekution gegen Dänemark
9. Okt.	Thronwechsel in Preußen: Prinz Wilhelm übernimmt die Regentschaft

1859

29. April	Beginn des österreichisch-italienischen Krieges
11. Juli	Vorfriede von Villafranca
16. Sept.	Gründung des Deutschen Nationalvereins
10. Nov.	Friede von Zürich: Ende des Krieges zwischen Österreich, Frankreich und Sardinien
24.–27. Nov.	Erste Würzburger Konferenz der Mittelstaaten

1860

20. Juli–5. Aug.	Zweite Würzburger Konferenz der Mittelstaaten

| 22. Nov. | Einberufung einer Kommission zur Ausarbeitung einer Maß- und Gewichtsordnung für Deutschland |

1861

22. Mai	Dritte Würzburger Konferenz der Mittelstaaten
31. Mai	Verabschiedung des Allgemeinen Deutschen Handelsgesetzbuches
15. Okt.	Bundesreformplan von Beust

1862

7.–10. Aug.	Wiener Konferenz von Vertretern Österreichs und der Mittelstaaten
17. Juli	Einsetzung einer Bundeskommission zur Ausarbeitung einer Allgemeinen Deutschen Zivilprozessordnung
24. Juli	Einsetzung einer Bundeskommission zur Regelung des Patentwesens
14. Aug.	Antrag Österreichs und der Mittelstaaten auf Berufung einer Delegiertenversammlung zur Beratung von Bundesgesetzen und auf Einsetzung eines Bundesgerichts
28. Okt.	Gründung des großdeutschen Reformvereins

1863

22. Jan.	Der Bundestag lehnt die Einberufung einer Delegiertenversammlung ab
16. Juli	Einberufung einer Bundeskommission zur Regelung des Urheberrechts
16. Aug.	Eröffnung des Frankfurter Fürstentags
21./22. Aug.	Deutscher Abgeordnetentag in Frankfurt
1. Sept.	Ende des Fürstentags; Verabschiedung einer „Reformakte des Deutschen Bundes"
22. Sept.	Preußen lehnt die „Reformakte des Deutschen Bundes" ab und schlägt statt dessen eine direkt gewählte Nationalvertretung vor
1. Okt.	Der Bundestag beschließt die Bundesexekution gegen Dänemark in Holstein und Lauenburg
15. Okt.	Der Deutsche Nationalverein weist die „Reformakte des Deutschen Bundes" zurück
23. Dez.	Beginn der Bundesexekution gegen Holstein

1864

| 25. Apr.–25. Juni | Londoner Konferenz zur Beendigung des deutsch-dänischen Krieges |
| 30. Okt. | Wiener Frieden zwischen Österreich, Preußen und Dänemark: Dänemark tritt Schleswig-Holstein und Lauenburg an Österreich und Preußen ab |

1865

| 14. Aug. | Gasteiner Konvention zwischen Österreich und Preußen zur Regelung der Verwaltung in Schleswig-Holstein |

1866

22. Febr.	Annahme des Entwurfs einer deutschen Maß- und Gewichtsordnung durch die Bundesversammlung
8. April	Preußisch-italienisches Bündnis gegen Österreich
9. April	Preußischer Antrag auf Bundesreform
30. April	In der Bundesversammlung wird der fertige Entwurf für eine Allgemeine Deutsche Zivilprozessordnung vorgelegt
5. Juni	Bismarck ordnet den Einmarsch preußischer Truppen in Holstein an
10. Juni	Preußisches Programm über die „Grundzüge zu einer neuen Bundesverfassung"
14. Juni	Der Bundestag beschließt die Mobilisierung des Bundesheeres gegen Preußen; Preußen erklärt den Bundesvertrag für erloschen
16. Juni	Beginn des Krieges zwischen den deutschen Staaten
3. Juli	Schlacht von Königgrätz
14. Juli	Die Bundesversammlung verlegt ihren Sitz nach Augsburg
26. Juli	Vorfriede von Nikolsburg
23. Aug.	Prager Friede: Auflösung des Deutschen Bundes
24. Aug.	Letzte Sitzung des Bundestags in Augsburg

Register

1. Personenregister

2. Orts- und Länderregister

3. Sachregister

Enzyklopädie deutscher Geschichte
Themen und Autoren

Mittelalter

Gesellschaft

Agrarwirtschaft, Agrarverfassung und ländliche Gesellschaft im Mittelalter (Werner Rösener) 1992. EdG 13
Adel, Rittertum und Ministerialität im Mittelalter (Werner Hechberger) 2004. EdG 72
Die Stadt im Mittelalter (Frank Hirschmann)
Die Armen im Mittelalter (Otto Gerhard Oexle)
Frauen- und Geschlechtergeschichte des Mittelalters (Hedwig Röckelein)
Die Juden im mittelalterlichen Reich (Michael Toch) 2. Aufl. 2003. EdG 44

Wirtschaft

Wirtschaftlicher Wandel und Wirtschaftspolitik im Mittelalter (Michael Rothmann)

Kultur, Alltag, Mentalitäten

Wissen als soziales System im Frühen und Hochmittelalter (Johannes Fried)
Die geistige Kultur im späteren Mittelalter (Johannes Helmrath)
Die ritterlich-höfische Kultur des Mittelalters (Werner Paravicini) 2. Aufl. 1999. EdG 32

Religion und Kirche

Die mittelalterliche Kirche (Michael Borgolte) 2. Aufl. 2004. EdG 17
Mönchtum und religiöse Bewegungen im Mittelalter (Gert Melville)
Grundformen der Frömmigkeit im Mittelalter (Arnold Angenendt) 2. Aufl. 2004. EdG 68

Politik, Staat, Verfassung

Die Germanen (Walter Pohl) 2. Aufl. 2004. EdG 57
Die Slawen in der deutschen Geschichte des Mittelalters (Thomas Wünsch)
Das römische Erbe und das Merowingerreich (Reinhold Kaiser) 3., überarb. u. erw. Aufl. 2004. EdG 26
Das Karolingerreich (Klaus Zechiel-Eckes)
Die Entstehung des Deutschen Reiches (Joachim Ehlers) 2. Aufl. 1998. EdG 31
Königtum und Königsherrschaft im 10. und 11. Jahrhundert (Egon Boshof) 2. Aufl. 1997. EdG 27
Der Investiturstreit (Wilfried Hartmann) 2. Aufl. 1996. EdG 21
König und Fürsten, Kaiser und Papst nach dem Wormser Konkordat (Bernhard Schimmelpfennig) 1996. EdG 37
Deutschland und seine Nachbarn 1200–1500 (Dieter Berg) 1996. EdG 40
Die kirchliche Krise des Spätmittelalters (Heribert Müller)
König, Reich und Reichsreform im Spätmittelalter (Karl-Friedrich Krieger) 2. Aufl. 2005. EdG 14
Fürstliche Herrschaft und Territorien im späten Mittelalter (Ernst Schubert) 2. Aufl. 2006. EdG 35

Frühe Neuzeit

Gesellschaft

Bevölkerungsgeschichte und historische Demographie 1500–1800 (Christian Pfister) 1994. EdG 28
Umweltgeschichte der Frühen Neuzeit (Reinhold Reith)

Bauern zwischen Bauernkrieg und Dreißigjährigem Krieg (André Holenstein)
1996. EdG 38
Bauern 1648–1806 (Werner Troßbach) 1992. EdG 19
Adel in der Frühen Neuzeit (Rudolf Endres) 1993. EdG 18
Der Fürstenhof in der Frühen Neuzeit (Rainer A. Müller) 2. Aufl. 2004. EdG 33
Die Stadt in der Frühen Neuzeit (Heinz Schilling) 2. Aufl. 2004. EdG 24
Armut, Unterschichten, Randgruppen in der Frühen Neuzeit
(Wolfgang von Hippel) 1995. EdG 34
Unruhen in der ständischen Gesellschaft 1300–1800 (Peter Blickle) 1988. EdG 1
Frauen- und Geschlechtergeschichte 1500–1800 (Heide Wunder)
Die deutschen Juden vom 16. bis zum Ende des 18. Jahrhunderts
(J. Friedrich Battenberg) 2001. EdG 60

Die deutsche Wirtschaft im 16. Jahrhundert (Franz Mathis) 1992. EdG 11   Wirtschaft
Die Entwicklung der Wirtschaft im Zeitalter des Merkantilismus 1620–1800
(Rainer Gömmel) 1998. EdG 46
Landwirtschaft in der Frühen Neuzeit (Walter Achilles) 1991. EdG 10
Gewerbe in der Frühen Neuzeit (Wilfried Reininghaus) 1990. EdG 3
Kommunikation, Handel, Geld und Banken in der Frühen Neuzeit (Michael
North) 2000. EdG 59

Renaissance und Humanismus (Ulrich Muhlack)   Kultur, Alltag,
Medien in der Frühen Neuzeit (Andreas Würgler)   Mentalitäten
Bildung und Wissenschaft vom 15. bis zum 17. Jahrhundert (Notker Hammer-
stein) 2003. EdG 64
Bildung und Wissenschaft in der Frühen Neuzeit 1650–1800
(Anton Schindling) 2. Aufl. 1999. EdG 30
Die Aufklärung (Winfried Müller) 2002. EdG 61
Lebenswelt und Kultur des Bürgertums in der Frühen Neuzeit (Bernd Roeck)
1991. EdG 9
Lebenswelt und Kultur der unterständischen Schichten in der Frühen Neuzeit
(Robert von Friedeburg) 2002. EdG 62

Die Reformation. Voraussetzungen und Durchsetzung (Olaf Mörke) 2005.   Religion und
EdG 74   Kirche
Konfessionalisierung im 16. Jahrhundert (Heinrich Richard Schmidt)
1992. EdG 12
Kirche, Staat und Gesellschaft im 17. und 18. Jahrhundert (Michael Maurer)
1999. EdG 51
Religiöse Bewegungen in der Frühen Neuzeit (Hans-Jürgen Goertz)
1993. EdG 20

Das Reich in der Frühen Neuzeit (Helmut Neuhaus) 2. Aufl. 2003. EdG 42   Politik, Staat
Landesherrschaft, Territorien und Staat in der Frühen Neuzeit (Joachim Bahlcke)   und Verfassung
Die Landständische Verfassung (Kersten Krüger) 2003. EdG 67
Vom aufgeklärten Reformstaat zum bürokratischen Staatsabsolutismus
(Walter Demel) 1993. EdG 23
Militärgeschichte des späten Mittelalters und der Frühen Neuzeit
(Bernhard Kroener)

Das Reich im Kampf um die Hegemonie in Europa 1521–1648 (Alfred Kohler)   Staatensystem,
1990. EdG 6   internationale
Altes Reich und europäische Staatenwelt 1648–1806 (Heinz Duchhardt)   Beziehungen
1990. EdG 4

19. und 20. Jahrhundert

Gesellschaft

Bevölkerungsgeschichte und Historische Demographie 1800–2000 (Josef Ehmer) 2004. EdG 71

Migrationen im 19. und 20. Jahrhundert (Jochen Oltmer)

Umweltgeschichte des 19. und 20. Jahrhunderts (Frank Uekötter)

Adel im 19. und 20. Jahrhundert (Heinz Reif) 1999. EdG 55

Geschichte der Familie im 19. und 20. Jahrhundert (Andreas Gestrich) 1998. EdG 50

Urbanisierung im 19. und 20. Jahrhundert (Klaus Tenfelde)

Von der ständischen zur bürgerlichen Gesellschaft (Lothar Gall) 1993. EdG 25

Die Angestellten seit dem 19. Jahrhundert (Günter Schulz) 2000. EdG 54

Die Arbeiterschaft im 19. und 20. Jahrhundert (Gerhard Schildt) 1996. EdG 36

Frauen- und Geschlechtergeschichte im 19. und 20. Jahrhundert (Karen Hagemann)

Die Juden in Deutschland 1780–1918 (Shulamit Volkov) 2. Aufl. 2000. EdG 16

Die deutschen Juden 1914–1945 (Moshe Zimmermann) 1997. EdG 43

Wirtschaft

Die Industrielle Revolution in Deutschland (Hans-Werner Hahn) 2. Aufl. 2005. EdG 49

Die deutsche Wirtschaft im 20. Jahrhundert (Wilfried Feldenkirchen) 1998. EdG 47

Agrarwirtschaft und ländliche Gesellschaft im 19. Jahrhundert (Stefan Brakensiek)

Agrarwirtschaft und ländliche Gesellschaft im 20. Jahrhundert (Ulrich Kluge) 2005. EdG 73

Gewerbe und Industrie im 19. und 20. Jahrhundert (Toni Pierenkemper) 1994. EdG 29

Handel und Verkehr im 19. Jahrhundert (Karl Heinrich Kaufhold)

Handel und Verkehr im 20. Jahrhundert (Christopher Kopper) 2002. EdG 63

Banken und Versicherungen im 19. und 20. Jahrhundert (Eckhard Wandel) 1998. EdG 45

Technik und Wirtschaft im 19. und 20. Jahrhundert (Christian Kleinschmidt)

Unternehmensgeschichte im 19. und 20. Jahrhundert (Werner Plumpe)

Staat und Wirtschaft im 19. Jahrhundert (Rudolf Boch) 2004. EdG 70

Staat und Wirtschaft im 20. Jahrhundert (Gerold Ambrosius) 1990. EdG 7

Kultur, Alltag und Mentalitäten

Kultur, Bildung und Wissenschaft im 19. Jahrhundert (Hans-Christof Kraus)

Kultur, Bildung und Wissenschaft im 20. Jahrhundert (Frank-Lothar Kroll) 2003. EdG 65

Lebenswelt und Kultur des Bürgertums im 19. und 20. Jahrhundert (Andreas Schulz) 2005. EdG 75

Lebenswelt und Kultur der unterbürgerlichen Schichten im 19. und 20. Jahrhundert (Wolfgang Kaschuba) 1990. EdG 5

Religion und Kirche

Formen der Frömmigkeit in einer sich säkularisierenden Gesellschaft (Karl Egon Lönne)

Kirche, Politik und Gesellschaft im 19. Jahrhundert (Gerhard Besier) 1998. EdG 48

Kirche, Politik und Gesellschaft im 20. Jahrhundert (Gerhard Besier) 2000. EdG 56

Der Deutsche Bund 1815–1866 (Jürgen Müller) 2006. EdG 78
Verfassungsstaat und Nationsbildung 1815–1871 (Elisabeth Fehrenbach) 1992. EdG 22
Politik im deutschen Kaiserreich (Hans-Peter Ullmann) 2. Aufl. 2005. EdG 52
Die Weimarer Republik. Politik und Gesellschaft (Andreas Wirsching) 2000. EdG 58
Nationalsozialistische Herrschaft (Ulrich von Hehl) 2. Aufl. 2001. EdG 39
Die Bundesrepublik Deutschland. Verfassung, Parlament und Parteien (Adolf M. Birke) 1996. EdG 41
Militär, Staat und Gesellschaft im 19. Jahrhundert (Ralf Pröve) 2006. EdG 77
Militär, Staat und Gesellschaft im 20. Jahrhundert (Bernhard R. Kroener)
Die Sozialgeschichte der Bundesrepublik Deutschland (Axel Schildt)
Die Sozialgeschichte der DDR (Arnd Bauerkämper) 2005. EdG 76
Die Innenpolitik der DDR (Günther Heydemann) 2003. EdG 66

Politik, Staat, Verfassung

Die deutsche Frage und das europäische Staatensystem 1815–1871 (Anselm Doering-Manteuffel) 2. Aufl. 2001. EdG 15
Deutsche Außenpolitik 1871–1918 (Klaus Hildebrand) 2. Aufl. 1994. EdG 2
Die Außenpolitik der Weimarer Republik (Gottfried Niedhart) 2., aktualisierte Aufl. 2006. EdG 53
Die Außenpolitik des Dritten Reiches (Marie-Luise Recker) 1990. EdG 8
Die Außenpolitik der BRD (Ulrich Lappenküper)
Die Außenpolitik der DDR (Joachim Scholtyseck) 2003. EdG 69

Staatensystem, internationale Beziehungen

Hervorgehobene Titel sind bereits erschienen.

Stand: (Februar 2006)